Eberhard Hermes / Gerd-Reiner Mayer

TRAINING Latein

Übersetzungsübungen

Ab dem 4. Lernjahr

Beilage: Lösungsheft

Ernst Klett Verlag
Stuttgart München Düsseldorf Leipzig

Gedruckt auf Papier, das aus chlorfrei gebleichtem Zellstoff hergestellt wurde

Die Deutsche Bibliothek – CIP-Einheitsaufnahme

Hermes, Eberhard:
Training Latein / Eberhard Hermes; Gerd-Reiner Mayer. –
Stuttgart; München; Düsseldorf; Leipzig: Klett 1997
Übersetzungsübungen: ab dem 4. Lernjahr. – 3. Aufl. –
ISBN 3-12-922123-9

3. Auflage 1997

Satz: Fotosatz Janß, Pfungstadt
Druck: W. Röck, Weinsberg
Einband- und Innengestaltung: Hitz und Mahn, Stuttgart
ISBN 3-12-922123-9

Inhaltsverzeichnis

Zu diesem Buch 5
Anleitung zur Arbeit mit ‚Training Latein' 6
Liste der Abkürzungen und Zeichen 7
Angabe der Wortausgänge bei den Vokabeln 8

Erster Teil: Die Aufgabe des Übersetzens aus dem Lateinischen 9

Grammatik im Text 10
Komplexe Satzgefüge 13
Freie Wortstellung 17
Kontextbedeutung der Vokabeln 20
Erklärungsbedürftige Inhalte 24
Besonderheiten der Textgattung 28
Stilistische Textgestaltung 31
Abweichender Sprachbau 36
Übersetzungslehre auf einen Blick 44

Zweiter Teil: Umformungen beim Übersetzen aus dem Lateinischen 46

Kasuslehre 47
Adjektive und Steigerungsformen 51
Gebrauch der Pronomina 57
Kontextbedeutung mehrdeutiger Verben 64
1 Das Verbum committere 64
2 Das Verbum contendere 66
3 Das Verbum consulere 68
4 Das Verbum persuadere 71
5 Das Verbum concedere 74
6 Das Verbum reddere 76
7 Die Verben praebere und praestare 78
Besonderheiten einiger Aktiv- und Passivformen 81
Wiedergabemöglichkeiten für lateinische Tempora und Modi 85
Das Übersetzen der lateinischen Verbalnomina 92
1 Partizip und Gerundivum 92
2 Infinitivkonstruktionen 96
3 Gerundium und Supinum 99

Das Satzgefüge . . . 102
1 Ergänzungssätze . . . 102
2 Adverbialsätze . . . 104
3 Relativsätze . . . 108
4 Erläuterungs- oder Explikativsätze . . . 111
Negationen . . . 113
Sprachenvergleich auf einen Blick . . . 116

Dritter Teil: Probleme der Textgattungen beim Übersetzen aus dem Lateinischen . . . 119

Fabel, Anekdote, Exempel: Ausrichtung auf die Pointe . . . 119
Erzählung und Bericht: Handlungsablauf . . . 122
Beschreibung: Einteilung und Übersicht . . . 126
Philosophische Erörterung: Definition und Argumentation . . . 128
Politische und Gerichtsrede: Überredungsstrategie . . . 131
Textgattungen auf einen Blick . . . 140

Anhang . . . 142

Übersicht über die Übungen . . . 142
Alphabetischer Index der Lernvokabeln . . . 144
Grammatisches Register . . . 151

Zu diesem Buch

Lateinunterricht besteht zum großen Teil aus Übersetzen. Doch wird diese Arbeitsweise nur selten zum Thema gemacht und für sich genommen eingeübt. Selbst wo Lehrbücher besondere Lesestücke zur Einübung des Textverstehens und schriftlichen Übersetzens anbieten, bleiben diese dem grammatischen Pensum verpflichtet, mit dessen Häufung die typischen Merkmale der betreffenden Gattung (historische Erzählung, Fabel, Anekdote usw.) überdeckt werden und auf diese Weise als Verständnishilfe ausfallen. Deshalb wird in diesem Buch ein Lehrgang angeboten, der allein die Übung im Verstehen und Übersetzen lateinischer Texte zum Ziel hat.

Eine Übersetzung ist mehr als bloß der korrekte Austausch von Satzkonstruktionen und Wortbedeutungen, der oft fälschlicherweise ‚wörtliches Übersetzen' genannt wird. Sie ist vielmehr der Ausdruck des Textverständnisses in der Muttersprache. Darum ist der Lehrgang in drei Teilen angelegt. Im ersten Teil kann man erfahren, aus welchen Einzelleistungen die komplexe Aufgabe des Übersetzens literarischer Texte der lateinischen Tradition besteht. Dann wird in einem zweiten Teil ein Durchgang durch die Grammatik veranstaltet, in dem die lateinischen Spracherscheinungen mit ihren verschiedenen Wiedergabemöglichkeiten im Deutschen verglichen werden. Schließlich zeigt im dritten Teil ein Überblick über die wichtigsten Textgattungen, wie deren Merkmale das Verständnis steuern und als Vorgabe für das Übersetzen beachtet werden müssen.

Der Stoff ist in kleine überschaubare Lern- und Übungseinheiten eingeteilt, deren Bearbeitung nicht allzuviel Zeit in Anspruch nimmt. Anhand lateinischer Beispiele wird zunächst das jeweilige Thema kurz dargestellt. Dann folgen eine oder mehrere Übungen zur Befestigung und Erprobung des Gelernten. Übersetzungsaufgaben mit längeren Texten dienen der Verbindung des gerade Gelernten mit den bislang erworbenen Kenntnissen und Fertigkeiten.

Ausreichende Vokabelkenntnisse sind eine unabdingbare Voraussetzung für das Übersetzen. Deshalb wurden in den Beispielen und Übungstexten fast ausschließlich Vokabeln des Grundwortschatzes zum Lernen angeboten, wie sie in den Listen der Kultusministerien der Länder und im ‚Grundwortschatz Latein nach Sachgruppen' (Klett-Buch 6043) aufgeführt sind. Sie sind so über das Buch verteilt, daß eine ständige Wiederholung der Vokabelkenntnisse erfolgt. Allein die Lernvokabularien der Übungen und die Liste der 100 lektürewichtigsten Vokabeln enthalten 800 Wörter des Grundwortschatzes. Vokabeln, die nicht zu diesem Grundwortschatz gehören, sind als Erläuterungen gekennzeichnet.

Anleitung zur Arbeit mit ‚Training Latein'

Das Buch ist so angelegt, daß es in mehrfacher Weise verwendet werden kann. Dabei wurde aufgrund von Erfahrungen, welche die Erprobung mit sich brachte, an folgende Verwendungsmöglichkeiten gedacht:

(1) Das Buch kann als fortlaufender Kurs der Übersetzungslehre durchgearbeitet werden. Dieser ist so bemessen, daß man ihn in absehbarer Zeit bewältigen kann. Wenn man mit einem durchschnittlichen Arbeitstempo rechnet und pro Übung, einschließlich der Lektüre des darstellenden Abschnitts und des Nachschlagens vergessener Vokabeln, eine Stunde ansetzt, so läßt sich der Kurs bei 4 Stunden wöchentlicher Beschäftigung mit ‚Training Latein' in weniger als 12 Wochen schaffen. Es empfiehlt sich dabei, einen Arbeitsplan zu machen und diesen auch konsequent einzuhalten.

(2) Man kann das Buch auch dazu benutzen, das Übersetzen schwerpunktmäßig zu üben, z. B. wenn man sich auf eine bestimmte Klausur vorbereiten will. Bei solcher Vorbereitung können bestimmte grammatische Erscheinungen im Vordergrund stehen, einzelne Verfahrensschritte von Interesse sein oder eine besondere literarische Gattung wichtig erscheinen. Zum Aufsuchen von Schwerpunkten dient neben dem detaillierten Inhaltsverzeichnis die Übersicht über die Übungen S. 142.

(3) Wenn einzelne spezielle Übersetzungprobleme auftauchen, etwa die Frage nach den Unterschieden zwischen dem lateinischen und dem deutschen Modusgebrauch oder nach den Wiedergabemöglichkeiten lateinischer Partizip-Konstruktionen, kann das Buch auch zum Nachschlagen verwendet werden. In diesem Fall ist neben dem Inhaltsverzeichnis das grammatische Register S. 151 heranzuziehen.

(4) Man gewinnt zusätzlichen Übungsstoff, wenn man bei den Textbeispielen der darstellenden Abschnitte die rechte Seite mit der deutschen Übersetzung abdeckt und versucht, die Texte selbst zu übersetzen. Als Hilfe bei der Suche nach der Bedeutung unbekannter Vokabeln kann dabei der Index der Lernvokabeln S. 144 dienen.

Die hundert lektürewichtigsten lateinischen Vokabeln werden bei den Übungen als bekannt vorausgesetzt und nicht mehr angegeben. Wer hier noch Lücken hat, findet eine Übersicht dieser Vokabeln im Lösungsheft.

Liste der Abkürzungen und Zeichen

Abl.	Ablativ
Abl. abs.	Abl. absolutus
AcI	Akk. mit Inf.
Adj.	Adjektiv
Adv.	Adverb
Adv. Best.	Adverbiale Bestimmung
Akk.	Akkusativ
Akt.	Aktiv
D	Deutsch
Dat.	Dativ
Dekl.	Deklination
Erg.	Ergänzung
f	femininum
Fut.	Futur
Gen.	Genitiv
Imp(er)f.	Imperfekt
Ind.	Indikativ
Inf.	Infinitiv
Komp.	Komparativ
Kjtn.	Konjunktion
Konj.	Konjunktiv
Konjug.	Konjugation
kons.	konsonantisch
L	Latein
m	masculinum
n	neutrum
NcI	Nom. mit Inf.
Nom.	Nominativ
Obj.	Objekt (Ergänzung)
Part.	Partizip
Pass.	Passiv
Perf.	Perfekt
Pers.	Person(al)
Pl(ur).	Plural
Plqpf.	Plusquamperfekt
Poss.	Possessiv(um)
Präd.	Prädikat
Präp.	Präposition
Präs.	Präsens
Pron.	Pronomen
Rel.	Relativ(um)
S(in)g.	Singular
Subj.	Subjekt
Subst.	Substantiv
Superl.	Superlativ

spērāre ↔ dēspērāre	Bedeutungsgegensatz
anteā Adv. (ante 78)	Verwandt mit . . . in den Vokabelangaben auf Seite . . .

Angabe der Wortausgänge bei den Vokabeln

(1) Bei Wörtern der a-, o-, e-, i- und u-Dekl. die Genitivendungen	āra, ae f Altar; mūrus, ī m Mauer; spēs, speī f Hoffnung; turris, is f Turm; aditus, ūs m Zugang
(2) Bei Wörtern der kons. Dekl. vom letzten unveränderten Buchstaben an (einsilbige in ganzer Genitivform)	salūs, ūtis f Wohlergehen, Rettung; homō, minis m Mensch, Mann; tempus, poris n Zeit; sōl, sōlis m Sonne
(3) Adjektive der a- und o-Dekl. mit Nom.-Formen m, f und n	bonus (a, um) = bonus, bona, bonum; miser (era, erum) = miser, misera, miserum
(4) Adj. der 3. Konjug. mit Nom. Formen m, f und n sowie Genitivendungen	brevis (e), is kurz; vetus, teris alt
(5) Bei Verben der a-, e- und i-Konjug. die regelmäßigen Endungen	audīre, vī, tum hören (= audiō, audīvī, audītum); habēre, uī, itum haben, halten (= habeō, habuī, habitum)
(6) Bei Verben der kons. Konjugation vom letzten unveränderten Buchstaben an oder vollständig	petere, tīvī, tītum streben nach, bitten (= petō, petīvī, petītum); scrībere, scrīpsi, scrīptum schreiben

Die Aufgabe des Übersetzens aus dem Lateinischen

Wenn man anfängt, Latein zu lernen, hat man es zunächst eine ganze Weile mit Texten etwa folgender Art zu tun:

Rosa flōret.	Die Rose blüht.
Rosae mihi placent; etiam viola mihi placet.	Rosen gefallen mir; auch das Veilchen gefällt mir.
Vīlla mea est parva.	Mein Landhaus ist klein.
Sed vīlla parva lepida est; itaque mihi valdē placet.	Aber das kleine Landhaus ist hübsch; darum gefällt es mir sehr.

Der Text enthält nur ein Minimum an Grammatik. Alle Substantive und Adjektive gehören der a-Deklination an. Sie kommen nur im Nominativ vor. Alle Verbformen – außer ‚est' – sind nach der e-Konjugation gebildet. Sie zeigen nur die Merkmale der 3. Person des Indikativ Präsens Aktiv. Der Satzbau ist denkbar einfach. Entweder bestehen die Sätze nur aus Subjekt und Prädikat, das zweimal die Dativ-Ergänzung ‚mihi' bei sich hat, oder aus der Kopula ‚est' und einem Adjektiv als Prädikatsnomen. Die Wortstellung wechselt kaum. Die Sätze schließen mit dem Prädikat. Das adjektivische Prädikatsnomen steht einmal vor (lepida est), einmal hinter der Kopula (est parva). Die Bedeutung der Wörter gibt keine Rätsel auf. Daß Rosen und Veilchen blühen und jemandem gefallen, daß dieser Jemand ein kleines, hübsches Haus auf dem Lande hat, birgt für den Leser keine Probleme. Der Inhalt des Textes bedarf keiner Erklärung. Daß mit dem Begriff ‚vīlla' anderswo ein wichtiger Lebensbereich der römischen Oberschicht der Antike, das ‚Landgut' im Gegensatz zum ‚Stadtpalais' (domus urbana), bezeichnet wird, spielt in diesem Zusammenhang keine Rolle. Denn unser Text stellt eine Gattung dar, welche der Geschichte der lateinischen Literatur fremd ist, nämlich einen Übungstext, der von einem Lehrer für Kinder verfaßt worden ist, welche Latein lernen sollen. Er weist daher auch keine Merkmale stilistischer Gestaltung auf. Der vom Deutschen abweichende Sprachbau des Lateinischen tritt wenig in Erscheinung und wird, um eine Überforderung des Lernenden zu vermeiden, auf die Endstellung des Prädikats beschränkt. Wird der kleine Text im Unterricht von einem Schüler in die Muttersprache übersetzt, so können ihm die Probleme kaum bewußt gemacht werden, die auf ihn warten, wenn er originale Texte lateinischer Kunstprosa ins Deutsche übersetzen soll.

Bei der Aufgabe, lateinische Originaltexte ins Deutsche zu übersetzen, muß der Schüler sich nämlich darauf einstellen,

- daß er eine Vielfalt unterschiedlicher grammatischer Erscheinungen vor sich hat,
- daß er komplexe Satzgefüge überschauen und verstehen muß,
- daß die ungewohnte Freiheit der lateinischen Wortstellung manche Schwierigkeiten bereitet,
- daß die aktuelle Bedeutung der Vokabeln an der jeweiligen Textstelle (Kontextbedeutung) nicht ohne Mühe zu finden ist,
- daß der Inhalt des Textes wegen des historischen Abstandes der Sprechsituation meist erklärungsbedürftig ist,
- daß die Besonderheiten der betreffenden Textgattung beachtet werden müssen,
- daß der Text mancherlei Stilmittel, d. h. Tropen (Umschreibungen) und Figuren (Ausdrucksformen), aufweist und
- daß der abweichende Sprachbau des Lateinischen den Übersetzer zu vielen Umformungen, Ersetzungen und Hinzufügungen zwingt.

Diese Aspekte der Aufgabe des Übersetzens sollen zunächst gesondert betrachtet und eingeübt werden.

Grammatik im Text

Während man bei der Arbeit mit dem Lehrbuch vorher weiß, welcher grammatische Stoff behandelt werden soll und daher erwartet werden kann, ist das bei einem Originaltext nicht der Fall. Hier muß man erst herausfinden, welches grammatische Wissen zu seinem Verständnis nötig ist. Als Beispiel diene eine Anekdote:

Siculus quīdam, cui praetor Scipiō patrōnum causae dabat amīcum suum, hominem nōbilem, sed admodum stultum: „Quaesō“, inquit, „praetor, adversāriō meō da istum patrōnum, deinde mihi nēminem dederis!“
(Cicero, De orat. II 280)

Ein Sizilianer, welchem der Prätor Scipio als Anwalt für dessen Prozeß seinen Freund, einen vornehmen, aber ziemlich dummen Mann, zuweisen wollte, erwiderte: „Prätor, gib bitte diesen Anwalt da meinem Gegner, mir aber teile lieber keinen Anwalt zu!“

Der Text besteht aus zwei Sätzen, die ineinander verschlungen sind. Denn die direkte Rede („Quaesō . . . praetor . . .") füllt die Stelle der Akkusativ-Ergänzung zu ‚inquit'. In den ersten Satz ist ein Relativsatz eingegliedert („cui . . ."), dessen Prädikat ‚dabat' heißt. Das Verbum:

dare, dō, dedī, datum	geben

hat zwei Ergänzungsstellen bei sich. Als Akkusativ-Objekt ist eine Information darüber zu erwarten, wen oder was jemand gibt, als Dativ-Objekt darüber, wem er es gibt. In unserem Text füllen 13 von 27 Wörtern (= 48%) diese Stellen aus:

Akkusative:	**Dative:**
patrōnum (2)	cui (1)
amīcum (2)	adversāriō (5)
suum (2)	meō (5)
hominem (3)	mihi (6)
nōbilem (3)	
stultum (4)	
istum (5)	
patrōnum (5)	
nēminem (6)	

Die Wortgruppe ‚patrōnum causae' ist zwar ein prädikativer Zusatz („als Verteidiger in seinem Prozeß"), die Wortgruppe ‚hominem nōbilem, sed admodum stultum' ein Attribut, doch gehören sie in die Reihe der Akkusativ-Ergänzungen zu dem Verbum ‚dare', von dem hier drei finite Formen vorkommen, durch welche der Satz des Erzählers und die wörtlich wiedergegebene Rede des ‚Siculus' verbunden sind (dabat 2, da 5, dederis 6). Die Dative sind teils auf diesen ‚Siculus' (cui 1, mihi 6), teils auf seinen Prozeßgegner (adversāriō meō 5) bezogen.

Während der Erzählerbericht in der 3. Person gehalten ist (dabat 2, inquit 4), weist die direkte Rede Formen der 1. und 2. Person auf. In der 1. Person spricht der ‚Siculus' von sich selbst (quaesō, meō, mihi), in der 2. Person redet er seinen Gesprächspartner Scipio an (da, istum dederis). Dabei gilt es noch, in der Formulierung ‚nēminem dederis' (6) den sogenannten ‚Prohibitivus' zu erkennen, der mit einem Verneinungswort und der 2. Person Sing. des Konjunktivs Perfekt gebildet wird und eine deutliche Abwehr oder ein Verbot signalisiert.

Der Übersetzer der Anekdote muß also Wissen aus verschiedenen Bereichen der lateinischen Grammatik bereithalten oder in die Erinnerung zurückrufen, wenn er den Text richtig auffassen will, die Lehre von den Satzgliedern (Ergänzung, Attribut, Prädikativum), vom Satzgefüge (Relativsatz), vom Dreieck der grammatischen Personen (Sprecher, Angesprochener, Besprochener) und vom Gebrauch des Konjunktivs im Hauptsatz (Prohibitivus).

Übung 1:

Welche grammatischen Erscheinungen kommen im folgenden Text vor? Kreuze sie in der folgenden Übersicht an!

Ablativ: Separativ (Trennung: Herkunft:)
Lokativ (Ort: Zeit:)
Instrumental (Mittel: Art und Weise:
Eigenschaft: Ursache:)

Gliedsätze mit ‚cum‘: cum temporale:
cum historicum:
cum causale:
cum concessivum:

Zeitverhältnis zwischen Haupt- und Nebensatz:
Vorzeitig: Gleichzeitig: Nachzeitig:

Infinitivkonstruktionen: AcI: NcI:

Übersetze den Text:

Tīmotheus, clārus homō Athēnīs et prīnceps cīvitātis, cum cēnāvisset apud Platōnem eōque convīviō admodum dēlectātus esset vīdissetque eum postrīdiē, dīxisse fertur: „Vestrae quidem cēnae nōn sōlum in praesentiā, sed etiam posterō diē iūcundae sunt.“

(Cicero, Tusc. disp. V 100)

Erläuterungen:

Timotheos, bedeutender athenischer General und Politiker, ab 376 vor Chr. Stratege
Platon, griechischer Philosoph, 427–347 vor Chr.

Vokabeln:

admodum Adv.	ziemlich, sehr, durchaus
cēna, ae f	(Haupt-)Mahlzeit
cēnāre, vi, tum	speisen
clārus (a, um)	hell, klar, berühmt
convīvium, iī n	Gastmahl, Gelage
dēlectāre, vī, tum	erfreuen, unterhalten
fertur (ferre)	es wird berichtet, – überliefert (Nominativ mit Infinitiv)

iūcundus (a, um)	angenehm, erfreulich
nōn sōlum . . . sed etiam	nicht nur . . . sondern auch
posterō diē	am folgenden Tage
postrīdiē	tags darauf
praesentia, ae f	Gegenwart, Anwesenheit
prīnceps, cipis	erster, vornehmster; Fürst, Führer
quidem Adv.	jedenfalls, gewiß

Komplexe Satzgefüge

Der Abstand zwischen der deutschen Umgangssprache, in die übersetzt werden soll, und der lateinischen Kunstprosa ist im Hinblick auf den Satzbau beträchtlich. Auch in kleinen Texten von weniger als zwanzig Wörtern zeigt sich bereits ein kunstvolles Geflecht von syntaktischen Abhängigkeiten:

Crassus dīxit ita sibi ipsum māgnum vidērī Memmium, ut in forum dēscendēns caput ad arcum Fabiānum dēmitteret.
(Cicero, De orat. II 267)

Crassus hat den Ausspruch getan, daß Memmius sich selbst so groß vorkomme, daß er jedesmal, wenn er das Forum betrete, beim Fabiusbogen den Kopf einziehe.

Um sich ein Bild von den syntaktischen Abhängigkeiten zu machen, kann man den Text so notieren, daß in der Vertikalen der zeitliche Verlauf des Satzgefüges und in der Horizontalen die grammatische Unterordnung erscheint:

Hauptsatz	**AcI**	**Gliedsatz**	**Participium coniunctum**
Crassus dīxit			
	ita sibi ipsum māgnum vidērī Memmium		
		ut	
			in forum dēscendēns
		caput ad arcum Fabiānum dēmitteret	

In dem folgenden Beispiel ist das kunstvolle Geflecht der syntaktischen Abhängigkeiten durch eine ‚relativische Verschränkung' zusätzlich kompliziert:

In eōdem genere est, quod Catulus dīxit cuidam ōrātōrī malō: quī, cum in epilogō misericordiam sē mōvisse putāret, postquam adsēdit, rogāvit hunc, vidērēturne misericordiam mōvisse, „ac māgnam quidem", inquit, „nēminem enim putō esse tam dūrum, cui nōn ōrātiō tua misericordiā dīgna vīsa sit."

(Cicero, De orat. II 278)

Zur selben Art (des Witzes) gehört auch, was Catulus einem schlechten Redner einmal gesagt hat. Dieser meinte nämlich, am Schluß seiner Rede Mitgefühl erregt zu haben, und fragte, nachdem er sich gesetzt hatte, diesen, ob er den Eindruck habe, es sei ihm gelungen, Mitgefühl zu erregen. „Ja gewiß", erwiderte Catulus, „und zwar recht großes, denn niemand ist meiner Meinung nach so hartherzig, daß er nicht Mitleid mit deiner Rede gehabt hätte."

Hauptsatz	**Relativischer Anschluß**	**Gliedsätze**	**AcI**
(Catulus)			
	(ōrātorī malō) quī		
		cum	
			in epilogō misericordiam sē mōvisse
		putāret	
		postquam adsēdit	
	rogāvit hunc		
		vidērēturne misericordiam mōvisse	
„ac māgnam quidem", inquit . . .			

Bei der ‚relativischen Verschränkung' wird ein ganzes Satzgefüge mit Hilfe eines Relativpronomens von einem anderen Satz abhängig gemacht. Das Relativpronomen ‚quī' bezieht sich auf den ‚ōrātor malus' des vorhergehenden Satzes zurück; seine Nominativform erweist es als Subjekt zu den folgenden Verbformen (putāret, adsēdit, rogāvit, viderētur). Doch die Antwort, die in wörtlicher Rede wiedergegeben ist, erteilt Catulus. Er ist Subjekt zu ‚inquit' wie schon zu ‚dīxit' im ersten Satz. Der Kasten auf S. 14 zeigt dies in der Übersicht.

Wenn man bei dem linearen Vorgehen, d. h. dem Textverlauf folgend, in Verständnisschwierigkeiten gerät, kann man sich mit Hilfe eines solchen Strukturbildes die syntaktischen Abhängigkeiten bewußtmachen und auf diesem Wege zu einem Textverständnis gelangen.

Übung 2:

Beschreibe den Satzbau des folgenden Textes mit Hilfe dieses graphischen Schemas:

Hauptsatz	Ergänzung: Direkte Rede	Abl. abs.	AcI

Übersetze den Text!

Cicerō Fabiā dīcente trīgintā sē annōs habēre: „Vērum est", inquit, „nam hoc illam iam vīgintī annōs audiō."
(Quintilian V 3, 73)

Erläuterungen:

Fabia war die erste Frau von Ciceros Schwiegersohn P. Cornelius Dolabella

audīre m. doppeltem Akk.	etwas von jemandem hören

Vokabeln:

trīgintā	30
vīgintī	20
iam	schon
nam	denn
inquit	sagt(e) er (sie)
vērus (a, um)	wahr

Übung 3:

Beschreibe den Satzbau, den der folgende Text in seinem zweiten Abschnitt aufweist, mit Hilfe dieses graphischen Schemas:

Hauptsatz (Ergänzung: Direkte Rede)	Gliedsatz erster Ordnung	Gliedsatz zweiter Ordnung	AcI
(Maximus)			
	cum . . .		
	rogāretque eum . . .		
„Quidnī“, inquit, „. . .“			

Verweisen die beiden Reflexivpronomina ‚suā‘ und ‚sē‘ auf das gleiche oder auf verschiedene übergeordnete Subjekte?

Übersetze den Text!

Tarentō āmissō arcem tamen Līvius retinuit multaque ex eā proelia praeclāra fēcit.

Cum aliquot post annīs Maximus id oppidum recēpisset rogāretque eum Līvius, ut meminisset operā suā sē Tarentum recēpisse: „Quidnī“, inquit, „meminerim? Numquam enim recēpissem, nisī tū perdidissēs.“
(Cicero, De orat. II 273)

Erläuterungen:

Tarentum, ī n Hafenstadt in Süditalien, wurde 212 vor Chr. im 2. Punischen Krieg von Hannibal eingenommen

M. Līvius Salīnātor, Konsul 219 und 207 vor Chr., war der Verteidiger der Stadt

Q. Fabius Maximus, später ‚Cūnctātor‘, der ‚Zauderer‘, genannt, wurde zum Diktator gegen Hannibal ernannt, den er durch seine hinhaltende Kampfführung zermürbte. Er gewann 209 vor Chr. Tarent zurück.

Vokabeln:

aliquot	einige
āmittere, mīsī, missum	(wegschicken:) aufgeben, verlieren
arx, arcis f	(Schutzwehr), Burg
meminisse, meminī	sich erinnern, daran denken (Perf. mit Präs.-Bedeutung)
nisī	wenn nicht
numquam	niemals
opera, ae f	Arbeit, Mühe
oppidum, ī n	Stadt, Festung
perdere, didī, ditum	zugrunde richten; verlieren
post Adv.	später
(quidnī?	Warum nicht?)
recipere, iō, cēpī, ceptum	zurücknehmen, aufnehmen, wiedereinnehmen
retinēre, uī, tentum	festhalten, behalten
rogāre, vī, tum	bitten, fragen
tamen	gleichwohl, dennoch

Freie Wortstellung

Für den deutschen Hauptsatz gilt, sofern es sich um Aussage oder Wortfrage handelt, die Regel, daß die finite, d. h. konjugierte Verbform die zweite Stelle unter den Satzgliedern einnimmt. Die übrigen Bestandteile des Prädikats rücken an die letzte Stelle. Dadurch ergibt sich ein verbreitetes deutsches Satzmuster, in dem das Prädikat einen Rahmen oder eine Klammer um das Mittelfeld des Satzes bildet:

Er	hat heute wieder nicht Latein	gelernt.
Heute	hat er wieder nicht Latein	gelernt.
Warum	hat er heute wieder nicht Latein	gelernt?
Du	wirst doch wohl heute noch Latein	lernen!

Diese Klammer stellt ein erwartbares Satzmuster dar, auf das sich Hörer wie Leser einstellen können.

Im Lateinischen gibt es eine solche Regel für die Stellung des Prädikats nicht. Wir finden häufig die Mittelstellung:

Rōmam petēmus aut Capuam.	Wir werden nach Rom gehen oder aber nach Capua.

Oft steht das Prädikat am Ende des Satzes:

Socius sibi sōlī, nōn sociīs petit.	Der Bundesgenosse bittet nur für sich allein, nicht etwa für die übrigen Bundesgenossen.

Auch die Anfangsstellung kommt vor:

Petit ab hīs omnibus, ut se frūmentō adiuvent.	Alle diese bittet er darum, daß sie ihn mit Getreide unterstützen.

Bis auf wenige Ausnahmen („Vaters Haus“) steht das Genitiv-Attribut im Deutschen hinter seinem Beziehungswort: „die Hälfte der Kosten“, „die Tiere des Waldes“ oder „der Abbruch der Verhandlungen“. Diese Stellung kennt auch das Lateinische:

mōs maiōrum	die Lebensform der Vorfahren

Doch kann das Genitiv-Attribut seinem Beziehungswort auch vorangehen:

dīgnitātis iactūra	der Verlust der Würde

Außerdem kann es von seinem Beziehungswort getrennt werden, wie es in der berühmten Formel geschieht:

Dent operam cōnsulēs, nē quid rēs pūblica dētrimenti capiat.	Die Konsuln sollen alles tun, damit der Staat keinen Schaden nehme.

Zwischen das Beziehungswort ‚quid‘ („irgend etwas“) und das Genitiv-Attribut ‚dētrimentī‘ („an Schaden“: genitivus partitivus) ist das Subjekt des Gliedsatzes ‚rēs pūblica‘ getreten. Auch beim adjektivischen Attribut gibt es diese Variationsmöglichkeiten (nach oder vor dem Beziehungswort):

populus Rōmānus	das römische Volk
rēs tua mihi maximae cūrae est.	Deine Angelegenheit ist mir ein Anlaß zu größter Sorge.

Hier aber sind Adjektiv und Beziehungswort durch andere Satzglieder getrennt, d. h. in Sperrung gestellt:

māgnō esse Germānīs dolori Ariovistī mortem et superiōrēs nostrās victōriās . . . (Caesar BG V 29, 3)	groß sei bei den Germanen die Erbitterung über Ariovists Tod und die vorherigen Siege der Römer . . .

Auch die Stellung der Nebensätze zu ihrem übergeordneten Satz kann wechseln (nach oder vor dem übergeordneten Verb):

Hīs mandāvit, ut, quae dīceret Ariovistus, cōgnōscerent . . . (Caesar BG I 47, 5)	Diesen trug er auf, die Worte des Ariovist in Erfahrung zu bringen . . .
. . . quālis esset nātūra montis, quī cōgnōscerent, mīsit . . . (BG I 21, 1)	Er schickte Leute los, die in Erfahrung bringen sollten, wie die Geländebebeschaffenheit des Berges sei . . .

Im ersten Fall geht das übergeordnete Verb dem Ergänzungssatz (ut . . . cōgnōscerent) voran, der wiederum den von ihm abhängigen Ergänzungssatz (quae dīceret . . .) umschließt. Im zweiten Fall kommt zuerst der von ‚cōgnōscerent' abhängige indirekte Fragesatz, dann der Objektsatz ‚quī cōgnōscerent' und erst zum Schluß das übergeordnete Prädikat ‚mīsit'.

Der Wechsel in der Stellung zugehöriger Satzglieder in lateinischen Texten sowie die Möglichkeit der Sperrung, d. h. der Trennung von zueinandergehörenden Satzteilen, verweisen den Leser darauf, an den Wortausgängen, also an den Formmerkmalen der Wörter, die Zusammengehörigkeit zu erkennen.

Übung 4:

Wo stehen in den folgenden Textbeispielen pronominale Attribute vor, wo hinter ihrem Beziehungswort? Wo sind zusammengehörige Satzglieder durch andere Satzteile voneinander getrennt (‚gesperrt')?

An zwei Stellen kommen indirekte Fragesätze vor. Stehen sie vor oder nach dem übergeordneten Verb?

Übersetze die Beispiele!

1. Die Feinde sind überraschend abgezogen:
   Hāc rē statim Caesar per explōrātōrēs cōgnitā īnsidiās veritus, quod, quā dē causā discēderent, nōndum perspexerat, exercitum castrīs continuit. (Caesar BG II 11, 2)
2. Caesar mīlitibus suīs ostendit, quantum habēret in sē bonī cōnstantia. (Nach: BG I 40, 6)
3. Aequam mementō rēbus in arduīs servāre mentem. (Horaz, carm. II, 3, 1)

Vokabeln:

aequus (a, um)	eben, gleich, ausgeglichen, gelassen; gerecht
arduus (a, um)	steil; schwierig
rēs arduae, rērum arduārum	Not, Unglück
cōnstantia, ae f	Beständigkeit, Standhaftigkeit
continēre, uī, tentum	festhalten, umfassen
discēdere, cessī, cessum	auseinandergehen, weggehen
explōrātor, ōris m	Kundschafter
hic, haec, hoc	dieser, diese, dieses
īnsidiae, ārum f Pl.	Falle, Hinterlist
mementō	Imperativ zu meminisse (17)
mēns, mentis f	Verstand, Gedanke, Gesinnung
mīles, mīlitis m	Soldat
nōndum	noch nicht
ostendere, tendī	zeigen, in Aussicht stellen
per b. Akk.	durch (. . . hindurch)
perspicere, iō, spexī, spectum	durchschauen
quantus (a, um)	wie groß, so groß wie; n wie viel, so viel wie
quod	weil
servāre, vī, tum	behüten, bewahren, retten
statim Adv.	sofort, auf der Stelle
verērī, veritus sum	sich scheuen, fürchten; verehren

Kontextbedeutung der Vokabeln

Der Weg von den Bedeutungsangaben, die im Lernvokabular des lateinischen Lehrbuchs verzeichnet sind, zu der Bedeutung, die ein Wort an einer bestimmten Textstelle eines lateinischen Autors hat, ist oft sehr weit. Da trifft man z. B. auf den Sinnspruch:

> Animō imperābit sapiēns, stultus serviet.
> (Publilius Syrus Nr. 40)

Für ‚animus' hat man gelernt:

animus, ī m	Geist, Seele, Mut

Aber gibt das einen Sinn?

> „Ein kluger (Mensch) wird dem Geist (oder: der Seele, dem Mut) befehlen, ein dummer wird ihm (oder: ihr) dienen."

Was gemeint ist, findet man leichter, wenn man sich das Wortfeld anschaut, zu dem ‚animus' gehört. Es läßt sich graphisch etwa folgendermaßen übersichtlich machen:

animus
(geistig-seelische Einheit der Person)

ratiō / mēns
(Vernunft, Verstand;
vorwiegend rational)

animus
(Seele, Mut, Gemüt, Gefühl;
vorwiegend irrational)

↑ – – – – – – – – – – ingenium – – – – – – – – – – – ↑
(Begabung, Anlage)

In der Sentenz ist offenbar der engere ‚animus'-Begriff gemeint, der die Emotionalität eines Menschen bezeichnet. Daher kann die Übersetzung so lauten:

> „Ein kluger Mensch wird seine Gefühle beherrschen, ein dummer Mensch wird ihr Sklave sein."

Manchmal ist ein Wortfeld, in dem sich die bedeutungsähnlichen (synonymen) Wörter gegenseitig definieren und semantisch eingrenzen, in einem Text mit mehreren Vokabeln vertreten. Das ist an dieser Stelle der Fall, an welcher Cicero seine Auffassung von der republikanischen Staatsform formuliert:

> Tālis est quaeque rēs pūblica, quālis eius aut nātūra aut voluntās, quī illam regit. Itaque nūllā aliā in cīvitāte, nisī in quā populī potestās summa est, ūllum domicilium lībertās habet. (De re publ. I 47)

Die unterstrichenen Begriffe werden meist mit folgenden Bedeutungsangaben gelernt:

cīvitās, tātis f	Staat, Gemeinde; Bürgerrecht
populus, ī m	Volk, Staatsvolk
rēs pūblica, reī pūblicae f	das Gemeinwesen, der Staat

Alle drei Begriffe haben also etwas mit ‚Staat' zu tun. Um aber die Textstelle übersetzen zu können, kommt es nicht auf gemeinsame, sondern auf unterscheidende Bedeutungsmerkmale an.

populus:

Der deutsche Begriff ‚Volk', der hier für das lateinische ‚populus' steht, deckt noch andere Sachverhalte ab, für die das Lateinische andere Wörter zur Verfügung hat:

gēns, gentis f (gignere)	Sippe; Volk
nātiō, ōnis f (nāscī)	Volksstamm
plēbs, plēbis f	das nichtadlige Volk
vulgus, ī n	das Volk, die (breite) Masse

Während die ersten beiden Begriffe das Merkmal der gemeinsamen Abstammung, die beiden anderen den Gegensatz zum Adel hervorheben, ist ‚populus' das politisch verfaßte Volk, wie es z. B. in Wahlversammlungen auftritt. Dort bestimmt es die Männer, welche im nächsten Jahr die Amtsgewalt im Namen des Volkes (populī potestās) ausüben sollen.

cīvitās:

Mit diesem Begriff wird die Gesamtheit der Staatsbürger bezeichnet, d. h. aller, welche das römische Bürgerrecht besitzen. Man kann sich eine solche ‚cīvitās' auch mit einer politischen Verfassung vorstellen, in der nur wenige die Herrschaft ausüben. Deshalb unterscheidet der Text die ‚cīvitās', in der die höchste Gewalt beim Volke liegt (populī potestās summa est), ausdrücklich von anderen ‚cīvitātēs' (nūllā aliā . . .).

rēs pūblica:

Während mit ‚populus' und ‚cīvitās' Gruppen von Menschen unter bestimmtem Aspekt bezeichnet werden, handelt es sich hier um einen abstrakten Begriff, der das Gemeinwesen im Hinblick auf seine Verfassung, seine Verwaltung, seine Regierungsform umfaßt:

In tam corruptā cīvitāte Catilīna opprimendae reī pūblicae cōnsilium cēpit. (Sallust, Catilina 14, 1 und 16, 4)	In einer dermaßen verdorbenen Bürgerschaft faßte Catilina den Entschluß, den Staat in seine Gewalt zu bringen.

Man könnte also die Cicero-Stelle unter Berücksichtigung der Bedeutungsunterschiede zwischen den drei bedeutungsähnlichen (synonymen) Wörtern etwa so übersetzen:

> „Jedes Staatswesen ist so beschaffen wie Charakter und Wille dessen, der es lenkt. Daher hat in keiner anderen politischen Gemeinde außer dort, wo die höchste Gewalt beim Volke liegt, die Freiheit eine Wohnstatt."

Bei der Ermittlung der Kontextbedeutung einer Vokabel ist also die Bedeutungsabgrenzung von den bedeutungsähnlichen (synonymen) Wörtern desselben Feldes eine unerläßliche Hilfe. Deshalb ist es sinnvoll, wenn man von vornherein die Vokabeln nicht als isolierte Einzelwörter, sondern zusammen mit ihren Feldnachbarn lernt, wie es mit dem ‚Grundwortschatz Latein nach Sachgruppen' (Klett-Buch 6043) möglich ist.

Übung 5:

Der Text auf der folgenden Seite handelt von den Möglichkeiten, im Rom des ersten Jahrhunderts vor Chr. politische Karriere zu machen, wie Cicero sie gesehen hat.

Übersetze den Text und löse dabei die folgenden beiden Aufgaben:

1. *Die Bedeutungsangaben zu ‚cōnstituere' decken die Kontextbedeutungen dieses Wortes in Zeile 2 und 4 nicht ab. Ermittle die Bedeutung, welche das Verbum dort hat, durch nähere Betrachtung des jeweiligen Kontextes!*

2. *Der Text enthält ein reiches politisches Vokabular. Ordne die Wörter ihrer Bedeutung nach mit Hilfe des unter dem Text angeführten Schemas!*

Haec est ūna via et laudis et dīgnitātis et honōris, ā bonīs virīs sapientibus et bene nātūrā cōnstitūtīs laudārī et dīligī; nōsse discrīptiōnem cīvitātis ā māiōribus nostrīs sapientissimē cōnstitūtam; quī cum rēgum potestātem nōn tulissent, ita magistrātūs annuōs creāvērunt, ut cōnsilium senātūs reī pūblicae praepōnerent sempiternum, dēligerentur autem in id cōnsilium quī petēbant ab ūniversō populō aditusque in illum summum ōrdinem omnium cīvium industriae ac virtūtī patēret.

(Cicero, Pro P. Sestio 137)

Volk	**Staat**	**Regierungs-organe**	**Macht und Einfluß**
māiōrēs nostrī . . .	discrīptiō cīvitātis . . .	cōnsilium senātūs . . .	rēgum potestās . . .

Vokabeln:

aditus, ūs m	Zugang
(annuus (a, um)	jährlich; auf ein Jahr befristet)
bene Adv. (bonus)	gut
cōnstituere, uī, tūtum	1. aufstellen; 2. festsetzen, beschließen
creāre, vī, tum	hervorbringen, erschaffen; wählen
dēligere, lēgī, lēctum	(aus)wählen
dīligere, lēxī, lēctum	hochachten, lieben
(discrīptiō cīvitātis	politische Verfassung)
honor oder honōs, ōris m	Ehre, Ehrenamt
industria, ae f	Fleiß, Betriebsamkeit
laudāre, vī, tum	loben, preisen
laus, laudis f	Lob, Ruhm
magistrātus, ūs m	Amt, Amtsträger, Behörde
māiōrēs, um m Pl. (māgnus)	Vorfahren, Ahnen
nātūra, ae f (nāscī)	Natur, Wesen

nōsse = nōvisse	(Perf. von cōgnōscere)
noster, (stra, strum)	unser
ōrdō, dinis m	Reihe, Ordnung, Stand
patēre, uī	offenstehen, sich erstrecken
potestās, tātis f	1. Amtsgewalt, Vollmacht; 2. Möglichkeit
praepōnere, posuī, positum	vorziehen, an die Spitze stellen
sapiēns, entis	weise, vernünftig
semper Adv.	immer
(sempiternus, a, um	immerwährend, beständig)
ūniversus (a, um)	gesamt, allgemein
ūnus (a, um); Gen. ūnīus; Dat. ūnī	ein(er); einzige(r)
via, viae f	Weg, Straße

Erklärungsbedürftige Inhalte

Die antiken Autoren setzen die Kenntnis der Welt, in der sie leben und für die sie schreiben, bei ihren Lesern oder Hörern voraus. Der Übersetzer aber lebt nicht mehr in dieser Welt. Sie ist vergangen und nicht mehr unmittelbar zugänglich. Die wichtigsten Kenntnisse vermittelt das Lehrbuch zugleich mit Wortkunde und Grammatik. Alles Weitere muß durch Nachschlagen in Kommentaren, Handbüchern oder Lexika herbeigeschafft werden. Ein Beispiel ist der Beginn von Ciceros Rede gegen Q. Caecilius im Verfahren gegen Verres, den Ausbeuter Siziliens:

Sī quis vestrum, iūdicēs, aut eōrum, quī adsunt, forte mīrātur, mē, quī tot annōs in causīs iūdiciīsque pūblicīs ita sim versātus, ut dēfenderim multōs, laeserim nēminem, subitō nunc mūtātā voluntāte ad accūsandum dēscendere, is sī meī cōnsiliī causam rationemque cōgnōverit, ūnā et id, quod faciō, probābit et in hāc causā profecto nēminem praepōnendum mihi esse āctōrem putābit.

(Cicero, In Q. Caecilium oratio, quae divinatio dicitur, 1, 1)

Wenn sich jemand von euch, ihr Richter, oder von den Anwesenden vielleicht darüber wundert, daß ich, der ich so viele Jahre hindurch in öffentlichen Rechtssachen und Prozessen in der Weise aufgetreten bin, daß ich viele verteidigt, keinen aber geschädigt habe, daß ich nun plötzlich meinen Willen geändert und mich zum Anklagen herabgelassen habe, so wird dieser Mann, wenn er Grund und Motiv meines Entschlusses kennt, mein Tun billigen und zugleich die Überzeugung gewinnen, daß mir sicher in diesem Prozeß keiner als Ankläger vorzuziehen sei.

Hier sind folgende Hintergrundinformationen nötig: Fast alle sizilischen Gemeinden waren in Rom vorstellig geworden, um gegen die Übergriffe des Verres zu klagen, der ihre Provinz seit 73 vor Chr. verwaltete und dessen Amtszeit zweimal verlängert worden war. Da Cicero während seiner Tätigkeit als Quästor in Sizilien im Jahr 75 vor Chr. den Siziliern seinen Beistand versprochen hatte, wandten sie sich an ihn mit der Bitte, die Anklagevertretung zu übernehmen. Diese Rolle vor Gericht war nicht beliebt, doch konnte sich Cicero der Verpflichtung nicht entziehen. Aber die Gegenseite hatte schon gehandelt. Beim zuständigen Prätor hatte sich ein gewisser Q. Caecilius Niger, welcher mit der Verres-Clique verbündet war, als Ankläger beworben. Deshalb kam es zu einem Vorverfahren, in dem ein Richtergremium darüber entschied, welcher Bewerber als Ankläger zugelassen werden sollte. Dieses Verfahren hieß ‚dīvīnātiō', d. h. „Vermutung", weil die Richter ihre Entscheidung nicht auf Fakten und Beweise stützen, sondern nur „mutmaßen" konnten, wer als Ankläger geeigneter sei. Durch seine Rede gegen den Mitbewerber konnte Cicero erreichen, daß ihm die Anklage übertragen wurde. Während hier – abgesehen von dem Prozeßgegenstand selbst – Kenntnisse über römisches Verfahrensrecht nötig sind, um mit dem Text fertig zu werden, sind bei einem anderen Beispiel literarische Kenntnisse erforderlich:

Augustus Āiācem tragoediam māgnō impetū exōrsus, nōn succēdentī stilō abolēvit quaerentibusque amīcīs, quidnam Āiāx ageret, respondit eum in spongiam incubuisse.

(Sueton, Augustus 85)

Augustus hatte mit großem Schwung eine Tragödie ‚Ajax' begonnen, sie aber vernichtet, als er mit dem Schreiben nicht mehr recht weiterkam. Als nun Freunde ihn fragten, was denn der ‚Ajax' mache, erwiderte er, der habe sich in den Schwamm gestürzt.

Der Held der Tragödie des griechischen Dichters Sophokles, die um 450 vor Chr. uraufgeführt wurde und Augustus als Vorbild für seinen literarischen Versuch diente, ist in Schwermut verfallen. Man hat nämlich nicht ihm, sondern Odysseus die Waffen Achills als Siegespreis zuerkannt. Als er Mordpläne zu schmieden beginnt, schlägt ihn die Göttin Athene, die Beschützerin des Odysseus, mit Wahnsinn. Als die Wahnvorstellungen weichen, sieht Ajax nur noch eine Möglichkeit der Sühne: Er stürzt sich ins Schwert.

Wie der Ajax der griechischen Sage seinem Leben mit dem Schwert ein Ende setzte, so fand das von Augustus begonnene Werk dadurch ein vorzeitiges Ende, daß der Schwamm die Tintenschrift auslöschte.

Es gehört zur Aufgabe des Übersetzens aus dem Lateinischen, entscheiden zu können, ob der Inhalt eines Textes einer solchen Erklärung bedarf, wie sie hier gegeben wurde.

Übung 6:

Als Cicero im Jahr 51 vor Chr. seine Statthalterschaft in Cilicien (Kleinasien) antritt, schreibt er:

Lāodicēam vēnī prīdiē Kal. Sextīles; ex hōc diē clāvum annī movēbis . . .
(Ad Att. V 15, 1)

Am 31. Quintilis (Juli) bin ich in Laodizea angekommen; von diesemTag an mußt du mein Amtsjahr zählen . . .

Ein modernes Handbuch erklärt diese Redensart vom ‚Jahresnagel' folgendermaßen:

Clavus annalis: Der Nagel, der an den Iden des September jedes Jahr in die Seitenwand des Tempels des Juppiter Capitolinus geschlagen wurde (Livius VII 3), eine Sitte, die auf eine sehr frühe Zeit zurückgeführt wird und die, wie man glaubt, als Zeitrechnung angenommen wurde, ehe die Aufzeichnung durch die Schrift allgemein bekannt war, und die man in späteren Zeiten als ehrwürdige Überlieferung beibehielt.
(Illustrirtes Wörterbuch der Römischen Alterthümer von Anthony Rich, übers. v. Carl Müller, Paris & Leipzig: Firmin Didot Frères, Fils & Cie. 1862, Neudruck: Zentralantiquariat der DDR, Leipzig 1984, S. 162)

Vergleiche diese Erklärung mit der erwähnten Livius-Stelle: Welche zusätzliche Information enthält sie? Was bedeutet diese Information für unsere Kenntnis antiker Religiosität?

Übersetze den lateinischen Text!

Lēx vetusta est prīscīs litterīs verbīsque scrīpta, ut, quī praetor maximus sit, Idibus Septembribus clāvum pangat; fīxa fuit dextrō laterī aedis Iovis Optimī Maximī, ex quā parte Minervae templum est. Eum clāvum, quia rārae per ea tempora litterae erant, notam numerī annōrum fuisse ferunt. Et ideō Minervae templō dicāta est lēx, quia numerus Minervae inventum est. (Nach Livius VII 3, 5)

Erläuterungen:

vetustus (a, um)	alt, lange bestehend
(vetus, teris	alt)
prīscus (a, um)	alt, altertümlich, altehrwürdig
(prior (ius), ōris	früherer, wichtigerer)
praetor maximus	der ranghöchste Beamte
Idūs Septembrēs	13. September
clāvus, i m	Nagel
clāvum pangere	Nagel einschlagen
nota, ae f	Merkmal, Kennzeichen
dicāre, vī, tum	weihen, widmen

Vokabeln:

aedēs, is f	Tempel; Pl. Haus
dexter (tra, trum/tera, terum)	rechts
ferunt (fertur 12)	es wird überliefert, man berichtet
fīgere, fīxī, fīxum	1. befestigen, anheften; 2. durchbohren
invenīre, vēnī, ventum	(hingelangen), finden, erfinden
inventum, ī n	Erfindung
latus, teris n	Seite, Flanke
littera, ae f	Buchstabe
litterae, ārum f Pl.	Brief, Wissenschaft(en), Literatur
numerus, ī m	Zahl, Reihe, Rang
quia	weil
rārus (a, um)	selten, vereinzelt
templum, ī n	heiliger Bezirk, Tempel
verbum, ī n	Wort

Besonderheiten der Textgattung

Die Aufgabe des Übersetzens aus dem Lateinischen erfordert auch die Fähigkeit, mit den Besonderheiten der jeweiligen Textgattung fertig zu werden. Nehmen wir die literarische Gattung der Anekdote als Muster, von der schon einige Beispiele vorgekommen sind. Für ihren Aufbau ist der Dreischritt kennzeichnend: Eine Person wird eingeführt, mit einer bestimmten Frage oder einer Situation konfrontiert, worauf sie mit einer witzigen Formulierung antwortet. Die Textstruktur ist auf diese Pointe ausgerichtet. Dabei ist das Bestreben deutlich, dies alles in einem einzigen Satzgefüge unterzubringen. Wenn die Geschichte nicht mehr als 10 bis 20 Wörter umfaßt, kann man beim Übersetzen einigermaßen mit ihr fertig werden:

Lepidus, cum cēterīs sē in campō exercentibus ipse in herbā recubuisset: „Vellem hoc esset“, inquit, „labōrāre.“

(Cicero, De oratore II 287)

Als er sich, während die anderen sich auf dem Marsfeld übten, ins Gras gelegt hatte, tat Lepidus den Ausspruch: „Ich wünschte, dies hieße arbeiten.“

Der Gegensatz von ‚sē exercēre‘ und ‚recubāre‘, auf dem die Situation beruht, welche Lepidus mit seinem irrealen Wunsch kommentiert, kann im Lateinischen mit Hilfe des Abl. abs. in einem Gliedsatz untergebracht werden. Der Übersetzer berücksichtigt diese Verschachtelung dadurch, daß er in seinen ‚als‘-Satz einen weiteren Gliedsatz mit ‚während‘ einfügt.

Wenn das Dreier-Schema aber in einem einzigen Satz von doppelt so vielen Wörtern (32) entfaltet wird, gibt es Probleme für den Übersetzer. Da im Deutschen noch zahlreiche Wörter hinzukommen, die das Lateinische nicht hat (z. B. Artikel), ist die Wiedergabe in einem einzigen Satz kaum mehr möglich. In dem folgenden Beispiel weist die Übersetzung deshalb drei Sätze auf:

Kalendīs Iānuāriīs in templō Iovis Maenius clārā vōce optāverat, ut quadrāgintā mīlia nummōrum aeris aliēnī habēret, et quaerente quōdam, quid sibi vellet, quod aes aliēnum habēre optāret: „Nōlī mirari“, inquit, „octingenta debeō.“

(Scholia zu Horaz, Sat. I 3, 21)

Am ersten Januar hatte Maenius im Juppitertempel laut darum gebetet, 40 000 Geldstücke Schulden zu haben. Da fragte ihn jemand, was das zu bedeuten habe, daß er Schulden haben wolle. Seine Antwort lautete: „Wundere dich nicht, meine Schuld beträgt nämlich 800 000 Geldstücke.“

Im Deutschen hat nun jeder Schritt des Dreier-Schemas der Anekdoten-Form einen eigenen Satz.

Ganz anders sehen die Probleme aus, die sich dem Übersetzer bei der Wiedergabe eines Brieftextes stellen. Im folgenden Beispiel teilt Cicero seinem Freund Pomponius Atticus mit, daß ein Brief verlorengegangen sei:

Epistulās cum ā tē avidē exspectārem ad vesperum, ut soleō, ecce tibi nūntius puerōs vēnisse Rōmā. Vocō, quaerō, ecquid litterārum. Negant. „Quid āis?“ inquam, „nihilne ā Pompōniō?“ Perterritī vōce et vultū cōnfessī sunt sē accēpisse, sed excidisse in viā. Quid quaeris? Permolestē tulī. Nūlla enim abs tē per hōs diēs epistula inānis aliquā rē ūtilī et suāvī vēnerat . . .

(Ad Att. II 8, 1)

Als ich gegen Abend, wie gewöhnlich, sehnsüchtig auf einen Brief von dir wartete, sieh an! da kommt dir doch einer und meldet, Bediente seien aus Rom eingetroffen. Ich rufe sie, frage, ob Post dabei sei. Sie schütteln den Kopf. „Was sagst du da?“ erwidere ich, „nichts von Pomponius dabei?“ Entsetzt über meinen Ton und meine Miene gestanden sie nun, sie hätten zwar einen Brief mitbekommen, ihn aber unterwegs verloren. Kurz und gut: Ich habe mich tüchtig geärgert. Denn kein Brief war an diesen Tagen von dir gekommen, der nicht irgendetwas Förderliches und Angenehmes enthalten hätte . . .

Der Übersetzer benötigt annähernd doppelt soviel Text (95 deutsche für 58 lateinische Wörter), um auszudrücken, was im Original nur angedeutet wird. Er fügt also in dem Satz, der nur das Subjekt nennt (nūntius 2/3) ein Prädikat hinzu, gibt den Einwortsätzen (vocō 3, negant 4) ein Subjektswort, vervollständigt den indirekten Fragesatz (ecquid litterārum 4). Kurz: Er macht für den Leser seiner Übersetzung alle jene Einzelheiten explizit, die sich für die Briefpartner von selbst verstehen und deshalb nur angedeutet zu werden brauchen.

Um die Aufgabe des Übersetzens jeweils richtig zu erfassen, muß man also erkennen, mit was für einer Textgattung man es zu tun hat und welche Besonderheiten diese aufweist.

Übung 7:

Um was für eine Textgattung handelt es sich in dem folgenden Beispiel? Kreuze den zutreffenden Begriff in dieser Liste an:

1. Anekdote	6. Beschreibung
2. Persönlicher Brief	7. Begriffsdefinition
3. Bericht	8. Ansprache
4. Lehrbuchtext	9. Vorschrift
5. Sinnspruch (Sentenz)	10. Fabel

Sapientissimum esse dīcunt eum, cui, quod opus sit, ipsī veniat in mentem, proximē accēdere illum, quī alterīus bene inventīs obtemperet. In stultitiā contrā est: minus enim stultus est is, cui nihil in mentem venit, quam ille, quī, quod stulte alterī venit in mentem, comprobat.

(Cicero, Pro A. Cluentio 84)

Beschreibe den <u>Aufbau</u> des Textes anhand des folgenden Strukturbildes!

Sapientissimum esse dīcunt eum,

> cui,
>
> > quod opus sit,
>
> ipsī veniat in mentem,

proximē accēdere illum,

> quī alterīus bene inventīs obtemperet.

In stultitiā contrā est: minus enim stultus est is,

> cui nihil in mentem venit,

quam ille,

> quī
>
> > quod stulte alterī venit in mentem,
>
> comprobat.

<u>Übersetze</u> den Text!

Erläuterungen:

mihi venit in mentem	es kommt mir in den Sinn, fällt mir ein
bene inventum, ī n (invenīre 27)	guter Gedanke, Einfall
obtemperāre, vī, tum	gehorchen
comprobāre, vī, tum	gutheißen, anerkennen

Vokabeln:

opus est	es ist nötig, zweckmäßig; man hat nötig, man braucht
mihi pecuniā opus est	ich brauche Geld
proximus (a, um)	nächster; letzter
proximē Adv.	am nächsten
accēdere, cessī, cessum	herantreten, hinzukommen
alius (alia, aliud); Gen. alterīus; Dat. aliī	ein anderer
alter (tera, terum); Gen. alterīus; Dat. alterī	der eine/ der andere (von beiden)
stultus (a, um) (Adv. stultē)	töricht, dumm
stultitia, ae f	Dummheit
minus . . . quam	weniger . . . als

Stilistische Textgestaltung

Die antiken Texte sind meist nach den Regeln der literarischen Rhetorik mehr oder weniger stilisiert, d. h. mit Redeschmuck (‚ōrnātus') versehen. Dazu gehört einmal der Gebrauch bestimmter Tropen („Wendungen"), die den einfachen Ausdruck ersetzen:

silva rērum sententiārumque (Cicero, De orat. III 103)	eine Fülle von Sachkenntnissen und Gedanken

Statt ‚multitūdō', also den abstrakten Mengenbegriff, zu wählen, gebraucht der Autor hier ein Bild. Dazu ‚überträgt' er das Wort ‚silva' („Wald") in einen anderen Bedeutungsbereich. Er verwendet es als Metapher.

Zweitens gehören zum Redeschmuck die Figuren, bestimmte Weisen, Wörter in Beziehung zueinander zu setzen:

ōdit populus Rōmānus prīvātam luxuriam, pūblicam māgnificentiam dīligit. (Quintilian IX 3, 82)	Das römische Volk haßt privaten Luxus, liebt aber öffentliche Pracht.

Die beiden Prädikate (ōdit – dīligit) sind nach außen gestellt und umschließen ihre Objekte. Das ergibt die Figur des ‚Chiasmus', nach dem griechischen Buchstaben ‚Chi' (χ) benannt:

ōdit prīvātam luxuriam

pūblicam māgnificentiam dīligit

Dadurch wird die Gegenüberstellung (‚Antithese‘) verstärkt, die durch die beiden Paare ‚Abneigung ↔ Zuneigung‘ (ōdit ↔ dīligit) und ‚privat ↔ öffentlich‘ (prīvātam ↔ pūblicam) geschieht.

Der Zweck, der mit dem Gebrauch solcher Stilmittel verbunden ist, besteht darin, durch das Unerwartete und Ungewöhnliche des Ausdrucks, d. h. durch ‚Verfremden‘ seines Inhalts, das Interesse des Lesers oder Hörers zu wecken und wachzuhalten.

Wenn in einer Textpartie stilistischer Redeschmuck gehäuft auftritt, werden an den Übersetzer erhebliche Anforderungen gestellt. Das ist z. B. in Ciceros berühmtem Lob der Philosophie der Fall:

Ō vītae philosophia dux, ō virtūtis indāgātrīx expultrīxque vitiōrum! Quid nōn modō nōs, sed omnīnō vīta hominum sine tē esse potuisset? Tu urbēs peperistī, tū dissipātōs hominēs in societātem vītae convocāstī, tū eōs inter sē prīmō domicilliīs, deinde coniugiīs, tum litterārum et vōcum commūniōne iūnxistī; tū inventrīx lēgum, tu magistra mōrum et disciplīnae fuistī. Ad tē cōnfugimus, ā tē opem petimus, tibi nōs, ut anteā māgnā ex parte, sīc nunc penitus tōtōsque trādimus.

(Cicero, Tusc. disp. V 5)

Philosophie, du Führerin des Lebens, du Erforscherin der Tugend und Vertreiberin der Laster! Was hätten wir, was hätte überhaupt das Leben der Menschen ohne dich sein können? Du hast die Städte gegründet, die verstreut lebenden Menschen in eine Lebensgemeinschaft zusammengerufen, hast sie zuerst in Heimstätten, dann durch Eheschließungen, schließlich durch gemeinsame Schrift und Sprache miteinander verbunden; du bist die Erfinderin der Gesetze, die Lehrerin der Sitten und der Ordnung gewesen. Zu dir flüchten wir uns, von dir erbitten wir Hilfe, dir vertrauen wir uns an, wie früher schon großenteils, so jetzt ganz und gar.

Zu Anfang fällt schon der Gleichklang ‚vītae → virtūtis‘ (1) auf, Alliteration genannt, dann der Chiasmus:

virtūtis — indāgātrīx

expultrīx — vitiōrum

Es folgt eine rhetorische Frage (2–4), mit der die Unentbehrlichkeit der Philosophie behauptet wird. Dann kommt eine dreiteilige Aussage mit jeweils gleicher Abfolge der Satzglieder (Parallelismus membrorum), wobei das am Anfang stehende ‚tū‘ wieder aufgenommen wird (Anapher). Jeder folgende Satz ist umfangreicher als der vorhergehende, der dritte enthält in sich wiederum drei Teile (Trikolon), die durch Zeitadverbien eingeleitet werden:

tū urbēs		peperistī,
tū dissipātōs hominēs	in societātem vītae	convocāstī,
tū eōs inter sē		
	prīmō domiciliīs, deinde coniugiīs, tum litterārum et vōcum commūniōne	iūnxistī.

Nun wechselt der Text aus der 2. Person Sing., mit der die Philosophie angesprochen wurde, in die 1. Person Plur., in welcher der Autor sein Bekenntnis zur Philosophie ausspricht. Es ist wiederum dreiteilig, wird ebenfalls mit Formen von ‚tū' eingeleitet, doch mit wechselndem Kasus (ad tē 11, ā tē 12, tibi 12). Diese Figur heißt ‚Polyptoton' (griech. = Figur aus vielen Kasus). Auch hier werden die Sätze jeweils umfangreicher als der vorhergehende (Figur der wachsenden Glieder). Die Vielfalt der Stilmittel, die in den Texten begegnet und – soweit möglich – beim Übersetzen entsprechend wiedergegeben werden soll, kann folgendermaßen geordnet werden:

Stilistische Textgestaltung:

(1) Wortwahl:

Metapher (griech. = Übertragung)	Wörter aus verschiedenen Bedeutungsbereichen werden verbunden	silva rērum sententiārumque: eine Fülle von Sachkenntnissen und Gedanken
Litotes (griech. = Abschwächung)	Wahl eines negativen anstelle des stärkeren positiven Ausdrucks	nōn parva est rēs, dē quā agitur: die Sache, über die man verhandelt, ist nicht unbedeutend
Pars prō tōtō (lat. = Teil anstelle des Ganzen)	Wahl des engeren statt des umfassenderen Begriffs	tēctum „Dach" für domus „Haus"; mīles Rōmānus victor „die siegreichen Römer"
Hendiadyoin (griech. = eins durch zwei)	Synonyme Wörter werden verbunden, um mehrere Seiten einer Sache zu zeigen	mōrēs et disciplīna: Zucht und Ordnung
Klimax (griech. = Leiter)	Synonyme Wörter werden in Form einer Steigerung angeordnet	abiit, excessit, ēvāsit, ērūpit (Cicero, Cat. II 1): Er zog ab, entwich, verschwand, stürzte davon

(2) Klangwirkung:		
Alliteration (lat. = Lautangleichung)	Reihung von Wörtern mit gleichem Anlaut an betonter Stelle	vītae . . . virtūtis . . . vitiōrum . . .
Polyptoton (griech. = aus vielen Kasus)	Reihung verschiedener Kasusformen des gleichen Wortes	ad tē . . . ā tē . . . tibi . . .
Anapher (griech. = Wiederaufnahme)	Wörter werden durch Wiederholung mit Nachdruck versehen	tū urbēs peperistī, tū . . . hominēs . . . convocāstī, tū eōs . . . iūnxistī
(3) Affektausdruck:		
Exclāmātiō (lat. = Ausruf)	Ausdruck des Affekts, verbunden mit Interjektionen	ō vītae philosophia dux! ō virtūtis indāgātrīx . . .!
Rhetorische Frage	Einkleidung einer affektbetonten Aussage in die Form der Frage, die als unnötig erscheint	Quid vīta hominum sine tē esse potuisset?
(4) Satzbau:		
Parallelismus (membrorum)	Gleichförmige Anordnung einander entsprechender Satzglieder	tū urbēs peperistī, tū . . . hominēs . . . convocāstī, tū eōs . . . iūnxistī (Subj.-Obj.-Prädikat)
Chiasmus (griech. = Figur nach dem Buchstaben ‚Chi')	Überkreuzstellung einander entsprechender Satzglieder	virtūtis indāgātrīx ╳ expultrīx vitiōrum
(5) Textstruktur:		
Antithese (griech. = Gegenüberstellung)	Anordnung der Textteile in jeweils zwei Paaren mit gegensätzlichem Sinn	ōdit populus Rōmānus prīvātam luxuriam ↔ pūblicam māgnificentiam dīligit
Gesetz der wachsenden Glieder (meist Trikolon = Folge von 3 Gliedern)	Anordung der Textteile in einer Folge von Gliedern, die jeweils umfangreicher oder bedeutungsintensiver als die vorhergehenden sind	Ad tē cōnfugimus, ā tē opem petimus, tibi nos . . . penitus tōtōsque trādimus

Übung 8:

Welche rhetorischen Stilmittel verwendet Cicero in dem folgenden Textausschnitt?

Übersetze den Text!

König Mithradates von Pontos hat im 1. Krieg, den er gegen Rom führte, einen römischen Gesandten geschändet und Tausende von römischen Bürgern, die in der Provinz Kleinasien lebten, ermorden lassen. Da er seine Übergriffe fortsetzte, wird im Jahr 66 vor Chr. der Oberbefehl im Krieg gegen Mithradates Pompeius übergeben. Die entscheidende Rede hält Cicero, der mit folgenden Worten die Bürger gegen Mithradates aufzubringen versucht:

Lēgātī quod erant appellātī superbius, Corinthum patrēs vestrī, tōtīus Graeciae lūmen, extīnctum esse voluērunt. Vōs eum rēgem inultum esse patiēminī, quī lēgātum populī Rōmānī cōnsulārem vinculīs ac verberibus atque omnī suppliciō excruciātum necāvit? Illī lībertātem imminūtam cīvium Rōmānōrum nōn tulērunt; vōs ēreptam vītam neglegētis? Iūs lēgātiōnis verbō violātum illī persecūtī sunt; vōs lēgātum omnī suppliciō interfectum relinquētis? Vidēte, nē, ut illīs pulcherrimum fuit tantam vōbīs imperiī glōriam trādere, sīc vōbīs turpissimum sit id, quod accēpistis, tuērī et cōnservāre nōn posse. (De Imp. Cn. Pompei 11/12)

Erläuterungen:

patrēs, um m Pl.	Vorfahren
verber, beris n Pl. verbera, um	Auspeitschung
excruciāre	foltern, quälen
imminuere, nuī, nūtum	mindern, beeinträchtigen

Vokabeln:

appellāre, vī, tum	anreden, (be)nennen
cīvis, is m	Bürger, Mitbürger
cōnservāre, vī, tum	bewahren, erhalten
cōnsularis (e), is	im Rang eines Konsuls
ēripere, iō, ripuī, reptum	entreißen
ex(s)tinguere, stīnxī, stīnctum	auslöschen, vertilgen
glōria, ae f	Ruhm, Ehre
interficere, iō, fēcī, fectum	niedermachen, töten
lēgātiō, ōnis f	Gesandtschaft

lībertās, tātis f	Freiheit
lūmen, minis n	Licht, Leuchte
necāre, vī, tum	töten, hinrichten
neglegere, lēxī, lēctum	vernachlässigen, nicht beachten
patī, patior, passus sum	zulassen, dulden, leiden
persequī, secūtus sum	verfolgen, einholen
pulcher (chra, chrum)	schön, vortrefflich
sīc	so
superbus (a, um)	hochmütig, stolz
supplicium, iī n	Todesstrafe, Hinrichtung
tantus (a, um)	so groß, so viel
trādere, didī, ditum	übergeben, überliefern
tuērī, tueor	beachten, beschützen
turpis (e), is	häßlich, schändlich
ulcīscī, ultus sum	sich rächen
inultus (a, um)	ungerächt
vester (stra, strum) (noster 24)	euer
vinculum, ī n	Band, Fessel, Pl. Gefängnis
violāre, vī, tum	verletzen

Abweichender Sprachbau

Für den lateinischen Sprachbau sind jene Zwischenformen zwischen Satzglied und Gliedsatz kennzeichnend, die sowohl über Kasusformen wie auch über Merkmale des Verbs (Tempus, Genus verbi) verfügen, also Partizipien, Infinitive, nd-Formen. Die satzwertigen Konstruktionen, die mit ihnen gebildet werden, lassen sich im Deutschen nicht nachahmen. Hier ist der Übersetzer <u>gezwungen</u>, im Deutschen eine abweichende Konstruktion einzusetzen, allerdings <u>frei</u> in der Wahl der verschiedenen Möglichkeiten, die der deutsche Sprachbau für die Wiedergabe der lateinischen Konstruktion anbietet. Nehmen wir den Akkusativ-mit-Infinitiv (AcI) als Beispiel und versuchen wir, ihn im Deutschen mit einer Infinitiv-Konstruktion wiederzugeben:

Caesar dē tertiā vigiliā T. Labiēnum cum duābus legiōnibus summum iugum montis ascendere iubet. (Caesar BG I 21, 2)	Caesar befiehlt T. Labienus, um die dritte Nachtwache mit zwei Legionen die Spitze des Berges zu besteigen.

Die Abweichung ist groß: Der Subjekts-Akkusativ des lateinischen AcI (T. Labiēnum) wird im Deutschen zur Dativ-Ergänzung des übergeordneten Satzes („dem T. Labienus“), ist also aus der Infinitiv-Gruppe herausgelöst. Der AcI läßt sich nicht nachahmen.

Neben der einfachen Infinitiv-Konstruktion (mit „zu“) bietet sich ein Gliedsatz mit „daß“ für die Übersetzung an:

> Caesar ordnet an, daß T. Labienus um die dritte Nachtwache mit zwei Legionen die Spitze des Berges besteigen solle.

Als dritte Möglichkeit kann man den für den deutschen Sprachbau typischen Gliedsatz ohne Einleitungswort wählen:

> Caesar ordnet an, T. Labienus solle um die dritte Nachtwache mit zwei Legionen die Spitze des Berges besteigen.

Mit der Wahl zwischen einfacher Infinitiv-Konstruktion sowie Gliedsatz mit „daß“ oder ohne Einleitungswort ist der Entscheidungsprozeß noch nicht zu Ende. Der Übersetzer muß, wenn er den AcI im Deutschen durch einen Gliedsatz wiedergibt, auch zwischen Indikativ und Konjunktiv wählen.

Handelt es sich um einen Ausdruck der sinnlichen Wahrnehmung, so ist der Indikativ erfordert:

Caesar suōs urgērī vīdit.	Caesar sah, daß seine Leute in Bedrängnis waren.

Enthält der AcI jedoch einen Befehl, so ist im Deutschen der Konjunktiv am Platze:

Caesar pontem rescindī iussit.	Caesar ordnete an, daß die Brücke abgebrochen werde.

Wenn der AcI nicht nur eine Wahrnehmung, sondern zugleich die Einschätzung der Lage durch das übergeordnete Subjekt enthält, sind beide Modi angemessen:

Quibus rēbus cōgnitīs Caesar undique bellum parārī vīdit. (Caesar BG VI 2, 3)	Aufgrund dieser Nachrichten sah Caesar, daß überall zum Krieg gerüstet werde (oder: gerüstet wurde).

Daß eine Anordnung gegeben wird, kann auch durch eine Konstruktion mit dem Gerundivum ausgedrückt werden:

(Caesar) quattuor legiōnēs in Senonēs Labiēnō dūcendās dedit, sex ipse in Arvernōs dūxit. (BG VII 34, 2)	Caesar übergab Labienus vier Legionen, damit er sie in das Gebiet der Senonen führe, er selbst zog mit sechs (anderen) zu den Avernern.

Hier ist ‚Labiēnō‘ Dativ-Ergänzung zu ‚dedit‘, während der Auftrag in der Weise mitgeteilt wird, daß der Akkusativ-Ergänzung ‚legiōnēs‘ eine Gerundivform beigegeben wird. Sie hat passivischen Sinn und sagt, was mit den Legionen gemacht werden soll. Bei der Wiedergabe in einem deutschen Finalsatz („damit er . . . führe“) wird der Ausdruck also ins Aktiv gewendet. Die lateinische Konstruktion läßt sich in der Übersetzung nicht nachahmen.

Oft läßt sich eine Gerundiv-Konstruktion durch einen substantivischen Ausdruck übersetzen:

Caesar lēgātīs imperāvit, ut nāvēs aedificandās veterēsque reficiendās cūrārent.	Caesar trug seinen Kommandeuren auf, sie sollten für den Bau neuer Schiffe und für die Instandsetzung der alten sorgen.

Diese Wiedergabemöglichkeit bietet sich auch bei Partizipkonstruktionen an:

rēgibus exāctīs	nach Vertreibung der Könige
Incolīs fortiter resistentibus oppidum expūgnārī nōn potuit.	Wegen des starken Widerstands der Einwohner konnte die Stadt nicht eingenommen werden.

Man sieht, daß die Verbalsubstantive im Deutschen eine ähnliche Rolle spielen wie die Verbaladjektive Partizip und Gerundivum im Lateinischen.

Übung 9:

Übersetze den folgenden Text und löse dabei die darunter aufgeführten Aufgaben!

Helvētiī lēgātōs ad Caesarem mittunt, quī dīcerent sibi esse in animō sine ūllō maleficiō iter per prōvinciam facere, propterea quod aliud iter habērent nūllum; rogāre, ut eius voluntāte id sibi facere liceat. Caesar, quod memoriā tenēbat L. Cassium cōnsulem occīsum exercitumque eius ab Helvētiīs pulsum et sub iugum missum, concēdendum nōn putābat; neque hominēs inīmicō animō, datā facultāte per prōvinciam itineris faciendī, temperātūrōs ab iniūriā et maleficiō exīstimābat.

(Caesar BG I 7, 3–5)

Aufgaben:

1. *Wie heißt das Subjekt in dem von ‚dīcerent' (1) abhängigen AcI?*
2. *AcI-Konstruktionen sind von ‚dīcerent' (1), ‚memoriā tenēbat' (4), ‚putābat' (6) und ‚exīstimābat' (7) abhängig. Wo müßte im Deutschen der Indikativ, wo der Konjunktiv stehen, wenn man sie durch einen Gliedsatz wiedergibt?*
3. *Durch was für einen Gliedsatz kann der Abl. abs. ‚datā facultāte ...' (6) wiedergegeben werden?*
4. *Versuche, diesen Abl. abs. durch ein Verbalsubstantiv wiederzugeben!*

Erläuterungen:

Im Jahr 107 vor Chr. war der Konsul L. Cassius Longinus von einem germanisch-keltischen Heer bei Agen (Garonne) geschlagen worden. Der Rest des römischen Heeres wurde zum Zeichen der Unterwerfung gezwungen, waffenlos durch das aus Lanzen gebildete Joch zu ziehen.

maleficium, iī n	Übeltat, Verbrechen
mihi in animō est	ich habe im Sinn, habe vor
memoriā tenēre	im Gedächtnis behalten, daran denken
sub iugum mittere	unter das Joch schicken (Demütigung s.o.)
temperāre ab iniūriā	sich von Unrecht zurückhalten, kein Unrecht tun

Hilfen:

Ergänze in (3) ‚sē rogare', in (5/6) ‚id concēdendum nōn esse'.

Vokabeln:

concēdere, cessī, cessum	nachgeben, gestatten, zugestehen
exīstimāre, vī, tum	einschätzen, meinen
facultās, tātis f	Möglichkeit, Fähigkeit
inimīcus, ī m (↔ amīcus)	Feind; Adj. feindlich
iniūria, ae f	Unrecht, Beleidigung
iter, itineris n	Weg, Reise
iugum, ī n	Joch, Bergrücken
licet, uit	es ist erlaubt, es steht frei
memoria, ae f	Gedächtnis, Erinnerung
nūllus (a, um); Gen. nūllīus; Dat. nūllī	kein(er)
occīdere, cīdī, cīsum	niederhauen, töten
pellere, pepulī, pulsum	treiben, stoßen, schlagen
propterеā Adv.	deshalb
sibi	Dat. d. Reflexivpronomens der 3. Person
sine b. Abl.	ohne
temperāre, vī, tum	1. mäßigen, schonen; 2. ordnen
ūllus (a, um); Gen. ūllīus; Dat. ūllī	(überhaupt) ein (eine, ein), in verneinten Sätzen
voluntās, tātis f	Wille, Zustimmung

Übung 10:

Übersetze den folgenden Text und löse dabei die darunter aufgeführten Aufgaben!

Renaissance und Aufklärung, im 19. Jahrhundert, dann wieder Liberalismus und Sozialismus haben das Ideal vom ‚Weltbürgertum' gepflegt. Es geht auf die stoische Philosophie der Antike zurück, von der hier ein Zeugnis folgt:

Duās rēs pūblicās animō complectāmur, alteram māgnam et vērē pūblicam, quā diī atque hominēs continentur, in quā nōn ad hunc angulum respicimus aut ad illum, sed terminōs cīvitātis nostrae cum sōle mētīmur; alteram, cui nōs adscrīpsit condiciō nāscendī. Haec aut Athēniēnsium erit aut Carthāginiēnsium aut alterīus alicuius urbis, quae nōn ad omnēs pertineat hominēs, sed ad certōs. Quīdam eōdem tempore utrīque reī pūblicae dant operam, māiōrī minōrīque quīdam tantum minorī, quīdam tantum māiōrī. Huic māiōrī reī pūblicae et in ōtiō servīre possumus, cum cōnsīderāmus dē virtūte, dē fīnibus bonōrum et malōrum, dē causīs rērum. (Nach: Seneca, De otio 4 = De vita beata 31)

Aufgaben:

1. *Welche Nebensätze enthält der Text? Liste sie nach Nebensatzarten auf und gib jeweils an, von welchem Wort des übergeordneten Satzes sie abhängig sind!*
2. *Welche Kontextbedeutung hat die Vokabel ‚pūblicus' in Zeile 1/2? Beachte die Zusammenstellung mit ‚vērē'!*
3. *Versuche, die drei bedeutungsähnlichen (synonymen) Vokabeln ‚rēs pūblica' (1, 7, 8), ‚cīvitās' (3) und ‚urbs' (5) auch im Deutschen durch entsprechende Wortwahl zu unterscheiden!*
4. *Der Text ist als Antithese aufgebaut. Stelle die Wörter zusammen, mit denen der Gegensatz jeweils markiert wird!*

Erläuterungen:

diī = deī	
angulus, ī m	Ecke, Winkel
terminus, ī m	Grenzstein, Ende, Ziel
adscrībere, scrīpsī, scrīptum	dazuschreiben, bestimmen, zuordnen
et	hier: auch, sogar

Vokabeln:

alter (tera, terum)	der eine/der andere (von beiden)
atque	und
aut	oder (aber)
certus (a, um)	sicher, bestimmt
complectī, plexus sum	umarmen, umfassen
condiciō, ōnis f	Verabredung, Bedingung, Lage
cōnsīderāre, vī, tum	betrachten, erwägen
cum b. Ind.	(zu der Zeit) als, (dann) wenn, (jedesmal) wenn
dē b. Abl.	von, von . . . herab, von . . . her; über
duo (duae, duo)	zwei
fīnis, is m	Grenze, Ende; Ziel, Zweck, Pl. Gebiet
īdem (eadem, idem)	derselbe
māior (ius), ōris (magnus)	der größere
mētīrī, mētior, mēnsus sum	messen, beurteilen
minor (us), ōris	kleiner, geringer (Komp. v. parvus (a, um) klein)
nāscī, nātus sum	geboren werden, entstehen
ōtium, iī n	freie Zeit, Muße, Ruhe
pertinēre, uī	sich erstrecken, sich beziehen auf
quīdam (quaedam, quoddam)	ein bestimmte(r), (etwas)
respicere, iō, spexī, spectum	zurückschauen, berücksichtigen
servīre, vī, tum	Sklave sein, dienen
sōl, sōlis m	Sonne
tantum Adv.	nur (tantus 36)
uterque (traque, trumque)	jeder (von beiden)
vērē Adv.	wirklich, in Wahrheit (vērus 15)

Übung 11:

Übersetze den folgenden Text und löse dabei die darunter aufgeführten Aufgaben!

In einer Verteidigungsrede aus dem Jahr 56 vor Chr. stellt Cicero die innenpolitische Lage Roms mit den folgenden Worten dar:

Externa bella rēgum, gentium, nātiōnum iam prīdem ita exstīncta sunt, ut praeclārē cum iīs agāmus, quōs pācātōs esse patiāmur. Dēnique ex bellicā victōriā nōn fērē quemquam est invidia cīvium cōnsecūta. Domesticīs malīs et audācium cīvium cōnsiliīs saepe est resistendum, eōrumque perīculōrum est in rē pūblicā retinenda medicīna.

(Cicero, Pro P. Sestio 51)

Aufgaben:

1. *Wo sind grammatisch zusammengehörige Wörter gesperrt gestellt? Wo steht das Subjektswort am Ende des Satzes? Was wird durch diese Wortstellung erreicht?*
2. *Wie ist der inhaltliche Gegensatz, der zwischen den ersten beiden Sätzen und dem dritten Satz besteht, kenntlich gemacht? Beachte jeweils den einleitenden Ausdruck und die Verbformen!*
3. *Wo findet sich ein Trikolon (Folge von drei Gliedern)? Wo sind Metaphern gebraucht? Wo gibt es Alliteration?*

Erläuterungen:

externus (a, um)	auswärtig
iam prīdem	schon längst
bellicus (a, um)	zum Krieg (bellum) gehörig; Kriegs-; kriegerisch
domesticus (a, um)	zum Haus (domus) gehörig, Haus-; einheimisch
medicīna, ae f	Heilkunst; Heilmittel

Vokabeln:

audāx, audācis Adv. audācter	kühn, frech
cōnsequī, secūtus sum	nachfolgen, erreichen
dēnique Adv.	zuletzt, endlich
ē/ex b. Abl.	aus, von . . . her
fer(m)ē Adv.	fast, etwa
gēns, gentis f	Geschlecht, Sippe; Volk, Volksstamm
invidia, ae f	Neid, Mißgunst; Unbeliebtheit; politische Gegnerschaft
ita Adv.	so, auf diese Weise
malum, ī n	Mißstand, Übel, Leid
nātiō, ōnis f (nāscī 41)	Herkunft, Volksstamm
pāx, pācis f	Friede
pācāre, vī, tum	befrieden, unterwerfen
praeclārus (a, um)	glänzend, ausgezeichnet (clārus 12)
quisquam (quicquam)	überhaupt jemand (– etwas); in verneinten Sätzen
resistere, stitī	widerstehen
victōria, ae f	Sieg

Übung 12:

Beschreibe die <u>Gattungsmerkmale</u> der folgenden Geschichte, nachdem die unten aufgeführten Einzelaufgaben gelöst sind, und <u>übersetze</u> den Text!

Senex quīdam līgna in silvā cecīderat, et fasce in umerōs sublātō domum redīre coepit. Cum autem dēfatigātus esset et onere et itinere, dēposuit līgna et sēcum cōnsīderāns miseriās senectūtis et inopiae, clārā vōce invocāvit mortem, ut sē ab omnibus malīs līberāret. Mox adfuit mors et senem interrogāvit, quid vellet. Tum senex perterritus: „Ut hunc", inquit, „līgnōrum fascem umerīs meīs impōneres."

(Prima lectio. Erste lateinische Lesestücke. Auswahl u. Übersetzung v. F. P. Waiblinger, dtv 9262, München: Deutscher Taschenbuch Verlag 1989, S. 56)

Aufgaben:

1. *Notiere alle Perfektformen mit Subjekt und Objekt untereinander! Welche Funktion hat die Reihe für den Aufbau des Textes?*
2. *In welcher grammatischen Form sind die anderen Handlungsteile dieser Reihe untergeordnet?*

Erläuterungen:

fascis, is m	Bündel
umerus, ī m	Schulter
domum	nach Hause
dēfatīgātus (a, um)	völlig ermüdet, erschöpft
invocāre, vī, tum	anrufen, anflehen
mox	bald

Vokabeln:

adesse, sum, fuī	anwesend sein, teilnehmen; beistehen, helfen
autem	aber
caedere, cecīdī, caesum	fällen, niederhauen
coepit	s. incipere
dēpōnere, posuī, positum	niederlegen, aufgeben
impōnere, posuī, positum	einsetzen, auferlegen
incipere, iō, coepī, coeptum	anfangen
inopia, ae f	Mangel, Not
interrogāre, vī, tum	fragen (rogāre 17)

līberāre, vī, tum	befreien, freilassen (lībertās 35)
līgnum, ī n	Holz
miseria, ae f	Elend, Unglück
mors, mortis f	Tod
onus, oneris n	Last
perterrēre, uī, itum	jemand gewaltig erschrecken, einschüchtern
redīre, eō, iī, itum	zurückgehen, zurückkehren
silva, ae f	Wald
tum	da, zu diesem Zeitpunkt; dann, darauf
vōx, vōcis f	Stimme, Laut, Wort

Übersetzungslehre auf einen Blick

Aufgaben	Hilfsmittel
(1) Erkennen der grammatischen Erscheinungen, die für den Text kennzeichnend sind, und Feststellen der Funktion, die sie für den Aufbau des Textes haben	Grammatische Übersichten in ‚Training Latein': Formenlehre – Satzlehre – Wortschatz (Klett-Buch 922122)
(2) Bestimmen der syntaktischen Abhängigkeiten, die zwischen den einzelnen Hauptsätzen, Gliedsätzen und satzwertigen Nominalkonstruktionen des Textes herrschen, und Abteilen der für das Übersetzen geeigneten Einheiten.	Graphisches Schema, in das die Textteile so eingetragen werden, daß die Grade der Abhängigkeit deutlich werden (s. S. 13f.)
(3) Feststellen der zueinander gehörenden Satzglieder, die im Text an unterschiedlicher Stelle stehen oder durch Sperrung voneinander getrennt sind, mit Hilfe der Übereinstimmung in Form und Bedeutung	Übersichten über die Elemente von Deklination und Konjugation in ‚Training Latein' (Klett-Buch 922122)
(4) Erkennen der Kontextbedeutung der im Text vorkommenden Vokabeln durch Feststellen der Bedeutungsbeziehungen, in denen sie zu anderen Wörtern im Text oder zu benachbarten Wörtern desselben Wortfeldes stehen	Grundwortschatz Latein nach Sachgruppen (Klett-Buch 6043)

(5) Erkennen der Erklärungsbedürftigkeit von Einzelheiten des Textinhalts und Beschaffen der nötigen Informationen (durch Fragen an Lehrer oder Nachschlagen in Handbüchern und Lexika)	H. Krefeld: Res Romanae, 14. Aufl., Frankfurt a. M.: Hirschgraben 1983 – R. Nickel, F. P. Waiblinger: Kleines Lexikon zur römischen Welt, Bamberg: Buchner 1985
(6) Erkennen der Gattungsmerkmale, die für den Aufbau des Textes bestimmend sind und Anhaltspunkte für das Vorgehen beim Übersetzen liefern	Übersicht über die Gattungsmerkmale im dritten Teil dieses Buches S. 140
(7) Erkennen der verwendeten Stilmittel, Bestimmen ihrer Funktion für Gliederung, Aufbau und Ausdruckswert des Textes sowie Aufsuchen von Wiedergabemöglichkeiten im Deutschen	Übersicht in diesem Buch S. 33 sowie H. F. Plett: Einführung in die rhetorische Textanalyse, 6. Aufl. Hamburg: Buske 1985
(8) Feststellen der vom deutschen Sprachbau abweichenden sprachlichen Ausdrucksmittel des lateinischen Textes und Auswahl aus den verschiedenen Übersetzungsäquivalenten, die das Deutsche dafür bietet	Übersicht über die Abweichungen im zweiten Teil dieses Buches S. 116

Umformungen beim Übersetzen aus dem Lateinischen

Beim Übersetzen erfährt die grammatische Struktur des Ausgangstextes manche Veränderungen, die durch den unterschiedlichen Sprachbau des Lateinischen und des Deutschen bedingt sind. Zunächst fallen die Hinzufügungen auf, die vor allem durch die Artikellosigkeit des Lateinischen notwendig werden:

Ars longa, vīta brevis.	Die Kunst ist lang, doch das Leben kurz.

Die Übersetzung hat genau doppelt so viele Wörter wie das Original.

Die deutschen Wortstellungsregeln zwingen den Übersetzer zu Umstellungen der lateinischen Wortfolge:

Cibī (1) condīmentum (2) famēs (3) est (4).
Hunger (3) ist (4) die Würze (2) der Speise (1).

Wenn im Deutschen eine dem lateinischen Vorbild entsprechende Konstruktion fehlt, muß ein Ersatz (Substitution) gefunden werden, z. B. ein Verbalsubstantiv für den lateinischen Abl. abs.:

rēgibus exāctīs	nach der Vertreibung der Könige

Auch Weglassungen können sich ergeben, wenn eine nachahmende Übersetzung im Deutschen ungewöhnlich klingen würde:

Athēniēnsium animōs summus timor occupāvit. (Cicero, De re publ. I 25)	Äußerste Angst hat die Athener (= anstatt die Gemüter der Athener) ergriffen.

Bei einem Durchgang durch die lateinische Grammatik soll der Blick auf die Unterschiede zwischen lateinischer und deutscher Ausdrucksweise gelenkt und nach den Umformungen gefragt werden, die sich beim Übersetzen jeweils als möglich oder nötig erweisen.

Umformungen des Ausgangstextes beim Übersetzen:	
(1) Umstellungen	Finites Verb rückt aus der Endstellung in die Zweitstellung, Attribut hinter sein Beziehungswort.
(2) Ersetzungen (Substitutionen)	Verbalsubstantiv oder Gliedsatz für Abl. abs., Gliedsatz mit ‚daß' für AcI, präpositionale Wendung für Ablativ (hāc ratiōne: „auf diese Weise")
(3) Hinzufügungen	Artikel (oppidum: „die Stadt"; „eine Stadt"), Kopula (vīta brevis: „das Leben ist kurz")
(4) Weglassungen	Athēniēnsium animī: „die Athener"; Garunna flūmen: „die Garonne"

Kasuslehre

Es gibt zahlreiche Übereinstimmungen im Gebrauch der Kasusformen im Deutschen und Lateinischen: Der Nominativ bezeichnet das Subjekt oder das Prädikatsnomen (‚Gleichsetzungsnominativ'). Der Genitiv dient als Attributskasus:

fīlius rēgis	der Sohn des Königs

Mit dem Dativ kann die Person bezeichnet werden, der sich eine Handlung zuwendet (indirektes Objekt):

līberīs suīs subvenīre	seinen Kindern helfen

Der Akkusativ kennzeichnet das direkte Objekt:

captīvōs līberāre	die Gefangenen befreien

Doch kann er auch für adverbiale Bestimmungen gebraucht werden, z. B.:

Richtung: in silvam	in den Wald
Erstreckung:	
– im Raum: ducentōs pedēs longus	200 Fuß lang
– in der Zeit: decem annos nātus	zehn Jahre alt

Bei anderen Verwendungen lateinischer Kasus muß der Übersetzer im Deutschen eine abweichende Ausdrucksweise wählen. Wenn es sich beim Attribut um einen ‚Genitivus qualitatis' (Genitiv der Eigenschaft) handelt, so tritt im Deutschen eine präpositionale Wendung ein:

vir summae ēloquentiae – ein Mann von höchster Beredsamkeit

Der ‚Genitivus obiectivus' hängt von Substantiven ab, die einen Verbbegriff enthalten. Hier kann man im Deutschen außer einer präpositionalen Wendung auch ein zusammengesetztes Wort für die Wiedergabe wählen:

Poenae timōre multī vērum nōn dīcunt. – Aus Furcht vor Strafe sagen viele nicht die Wahrheit.

cupiditāte glōriae adductus – aus Ruhmsucht

Auch beim ‚Dativus commodi (incommodi)', der angibt, zu wessen Vorteil oder Nachteil eine Handlung geschieht, ist im Deutschen eine präpositionale Wendung angezeigt:

Nōn scholae, sed vītae discimus. – Nicht für die Schule, sondern für das Leben lernen wir.

Stärker ist die Umformung, die bei der Wiedergabe eines doppelten Dativs nötig wird, wo zu dem Dativ, der die beteiligte Person angibt, noch der ‚Dativus finalis' tritt, welcher Zweck oder Wirkung der Handlung nennt:

Multīs Athēniēnsibus mors Socratis summō dolōrī fuit. – Für viele Athener war der Tod des Sokrates ein Anlaß zu tiefstem Schmerz.

Auch beim doppelten Akkusativ, wo zum Objekt, das die angezielte Person angibt, ein Sachobjekt hinzutritt, kann die lateinische Ausdrucksweise nicht beibehalten werden:

Verrēs populum pecūniam poposcit. – Verres forderte Geld vom Volk.

Auch wenn der zweite Akkusativ ein Prädikatsnomen darstellt,in dem das Ergebnis der Handlung zum Ausdruck kommt, ist im Deutschen eine präpositionale Wendung nötig:

Senātus Antōnium hostem iūdicāvit. – Der Senat erklärte Antonius zum Staatsfeind.

Beim adverbialen Akkusativ auf die Frage ‚wohin?' benötigt man im Deutschen meist eine Präposition:

Rōmam, Athēnās, domum – nach Rom, nach Athen, nach Hause

Während es bei diesen Beispielen um Ersetzungen und Hinzufügungen geht, macht die freie Wortstellung des Lateinischen oft auch Umstellungen nötig:

Zu Beginn der ‚Aeneis' spricht Vergil davon, daß sein Held all seine Leiden und Irrfahrten dem unversöhnlichen Zorn der Göttin Juno verdankt:

saevae memorem Iūnōnis ob īram

Die Verschränkung des präpositionalen Ausdrucks (memorem ob īram) mit dem Genitivattribut (saevae Iūnōnis) ist frei gewählt. Möglich wäre auch eine Abfolge wie diese:

ob īram memorem Iūnōnis saevae

oder anders. Im Deutschen ist dagegen nur die folgende Wiedergabe möglich:

„wegen des nachtragenden Zorns der grimmigen Juno“

Die Präposition eröffnet den Ausdruck. Beide adjektivischen Attribute sind durch Artikel und Beziehungswort gerahmt. Die Wortgruppe mit dem Genitivattribut („der grimmigen Juno“) muß dem präpositionalen Ausdruck folgen, von dem sie abhängt. Auch in der Prosa begegnet die freie Wortfügung, für die im Deutschen geschlossene Wortblöcke formuliert werden müssen:

Laetor, quod in hāc īnsolitā mihi ex hōc locō ratiōne dīcendī causa tālis oblāta est, in quā ōrātiō dēesse nēminī possit.
(Cicero, De imp. Cn. Pomp. 3)

Ich freue mich, daß mir bei so ungewohnter Art der Rede von diesem Platz aus ein solcher Gegenstand zur Verfügung steht, bei dem es niemand an Worten fehlen kann.

Cicero spielt hier auf die Tatsache an, daß er zum ersten Mal als römischer Magistrat (er war 66 vor Chr. Prätor) in einer Volksversammlung (cōntiō) zu einer wichtigen politischen Frage spricht.

Der präpositionale Ausdruck ‚in hāc . . . ratiōne‘ ist durch ein adjektivisches (īnsolitā) und ein Genitivattribut (dīcendī) erweitert. Zu ‚dīcendī‘ gehört wiederum das präpositionale Attribut ‚ex hōc locō‘ („von dieser Stelle aus zu sprechen“, d. h. von der Rednertribüne, den ‚rostra‘, aus), zu ‚īnsolitā‘ die Ergänzung ‚mihi‘ (für wen ungewohnt?). Im Deutschen ergibt sich anstelle dieser Verschränkung eine kettenartige Anordnung der Satzglieder:

Adverbiale Bestimmung mit Attributen:

in hāc īnsolitā mihi ex hōc locō ratiōne dīcendī

in dieser	für mich ungewohnten	Weise	von diesem Platz aus zu sprechen

Da es den Ablativ im Deutschen nicht gibt, muß er beim Übersetzen immer durch andere Konstruktionen, z. B. präpositionale Wendungen, ersetzt werden.

Übung 13:

In dem folgenden Text beschreibt Caesar die Lebensweise der Germanen seiner Zeit. Übersetze den Text und löse die darunter aufgeführten Aufgaben!

Vīta omnis vēnātiōnibus atque in studiīs reī mīlitāris cōnsistit. Ā parvulīs labōrī ac dūritiae student. Quī diūtissimē impūberēs permānsērunt, maximam inter suōs ferunt laudem. Hōc alī statūram, alī vīrēs nervōsque cōnfirmārī putant. Intrā annum vērō vīcēsimum fēminae notitiam habuisse in turpissimīs habent rēbus. Cuius reī nūlla est occultātiō, quod et promiscuē in flūminibus lavantur et pellibus aut parvīs rēnōnum tegimentīs ūtuntur, māgnā corporis parte nūdā. (Caesar BG VI 21, 3–5)

Aufgaben:

1. *Wo sind die Substantive und ihre adjektivischen Attribute gesperrt gestellt? Durch welche Art von Satzgliedern sind sie getrennt?*
2. *Was für einen Gliedsatz kann man zur Wiedergabe der Ablativ-Konstruktion ‚māgnā corporis parte nūdā' (7) wählen? Wie heißt die Ablativ-Konstruktion?*
3. *Wie kann man die Wendung ‚in turpissimīs rēbus habēre' (5) wiedergeben?*
4. *Wie kann man die Dative ‚labōrī ac dūritiae' (2) wiedergeben?*
5. *Wie ist der Genitiv in dem Ausdruck ‚cuius reī nūlla est occultātiō' (5) zu übersetzen?*

Erläuterungen:

vēnātiō, ōnis f	Jagd
rēs mīlitāris	Kriegswesen
parvulus (a, um)	sehr klein, sehr jung (parvus 10)
dūritia, ae f	Härte, Abhärtung
impūbēs, beris	nicht erwachsen, jugendlich, keusch
statura, ae f	Gestalt, Wuchs
vīcēsimus (a, um)	zwanzigster
notitia, ae f (cōgnōscere)	Bekanntschaft, Kenntnis
prōmiscuus (a, um)	gemischt, gemeinschaftlich
pellis, is f	Pelz, Fell, Leder
rēnō, ōnis m	germanisches Fremdwort: Pelzgewand

Vokabeln:

alere, aluī, altum	(er)nähren, großziehen
cōnfirmāre, vī, tum	stärken, bekräftigen
consistere, stiti	1. sich aufstellen, haltmachen; 2. vorhanden sein, bestehen
diū Adv. (Komp. diūtius; Superl. diūtissimē)	lange
fēmina, ae f	Frau
flūmen, minis n	Fluß, Strom
inter b. Akk.	zwischen, unter
intrā b. Akk.	innerhalb von; Adv. innen
lavāre, lāvī, lautum	waschen
lavārī	baden
manēre, mānsī	1. bleiben; 2. warten auf
(permanēre	ausharren, fortdauern, verbleiben)
maximus (a, um) (māgnus)	größter
nervus, ī m	Sehne, Muskel
nūdus (a, um)	unverhüllt, nackt, bloß
occultus (a, um)	verborgen, geheim
(occultātiō, ōnis f	Verheimlichung)
studēre, uī (studium)	sich bemühen, streben
tegere, tēxī, tēctum	(be)decken, schützen
(tegimentum, ī n	Bedeckung)

Adjektive und Steigerungsformen

Da es im Lateinischen keine scharfe Grenze zwischen Substantiv und Adjektiv gibt, muß die Entscheidung, ob substantivisch oder adjektivisch zu übersetzen ist, oft aus dem Kontext getroffen werden. Wenn es bei Livius um die

socīī Carthāginiēnsium populī	die mit den Karthagern verbündeten Völker

geht, zeigt die Übereinstimmung in Kasus, Numerus, Genus zwischen ‚sociī' und ‚populī' (Kongruenz), daß ‚socius' hier adjektivisch gebraucht ist. In dem folgenden Beispiel weist die Reihe, in der das Wort steht, darauf hin, daß ‚socius' in der Funktion eines Substantivs verwendet wird:

Pācis est comes ōtiīque socia et iam bene cōnstitutae cīvitātis quasī alumna quaedam ēloquentia. (Cicero, Brutus 45)	Die Beredsamkeit ist Begleiterin des Friedens und Gefährtin ruhiger politischer Verhältnisse und sozusagen ein Pflegekind einer schon recht gut verfaßten Bürgerschaft.

Vor allem in der Form des Neutrum Sing. können Adjektive jederzeit substantivische Funktionen übernehmen:

vērum dīcere	die Wahrheit sagen
malum cīvile ac domesticum	ein öffentlicher, innenpolitischer Mißstand

Im ersten Fall steht das Adjektiv ohne substantivisches Beziehungswort an der Stelle einer Akkusativ-Ergänzung. Im zweiten Beispiel hat es selbst zwei adjektivische Attribute bei sich.

In dem folgenden Satz kommt ‚amīcus' in der Funktion beider Wortarten vor:

Ille noster amīcus, vir optimus et mihi amicissimus, sānē tibi iratus est . . . (Cicero, Ad Att. I 4,1)	Unser alter Freund, ein trefflicher Mann und mir freundschaftlich sehr verbunden, hat freilich eine Wut auf dich . . .

Die Subjekt-Stelle sowie die Begleitung durch zwei adjektivische Attribute (ille noster) erweist ‚amīcus' als Substantiv, während die Superlativ-Form bei ‚amīcissimus' und die Zusammenstellung mit ‚optimus' auf die adjektivische Rolle deuten.

Auch bei den sogenannten ‚Steigerungsformen' des Adjektivs, dem Komparativ und dem Superlativ, ist die Übersetzung nicht von vorneherein klar. Wenn ein expliziter Vergleich durchgeführt wird, können die entsprechenden deutschen Komparativ- und Superlativ-Formen gewählt werden:

Nihil est miserius quam bellum cīvile.	Nichts ist schlimmer als Bürgerkrieg.

Statt ‚quam' kann auch der Ablativ des Vergleichs (Ablativus comparationis) gebraucht werden, was an der deutschen Übersetzung nichts ändert:

Nihil est bellō cīvilī miserius.	Nichts ist schlimmer als Bürgerkrieg.

Ein weiterer Hinweis auf einen expliziten Vergleich ist der Ablativ, welcher das Maß des Unterschieds angibt (Ablativus mensurae):

Pompēius bienniō māior fuit quam Cicerō.	Pompejus war zwei Jahre älter als Cicero.

Wenn der Superlativ in einem expliziten Vergleich verwendet wird, ist das meist am Teilungsgenitiv (Genitivus partitivus) zu erkennen:

Hōrum omnium fortissimī sunt Belgae . . .	Von all diesen sind die Belger die tapfersten . . .

Genauso gut aber können die Steigerungsformen auch außerhalb eines expliziten Vergleichs zur Angabe des ungefähren Grades einer bestimmten Qualität gebraucht werden; der Superlativ heißt in dieser Verwendung ‚Elativ':

Helvētiī angustiōres fīnēs habēre arbitrābāntur.	Die Helvetier waren der Auffassung, ein zu enges Siedlungsgebiet zu haben.
Senātus frequentissimus aderat.	Es waren sehr viele Senatoren anwesend.
Croesus rēx dītissimus fuit.	Kroesus war ein steinreicher König.

Bei dieser Verwendung des lateinischen Komparativs oder Superlativs können die entsprechenden deutschen Formen nicht für die Wiedergabe gebraucht werden. Man weicht auf Modalwörter („sehr", „ziemlich") oder Zusammensetzungen („steinreich") aus:

Wiedergabemöglichkeiten der Steigerungsformen außerhalb eines ausdrücklichen Vergleichs:	
Komparativ:	„zu . . .", „ziemlich . . .", „recht . . .", „etwas . . ."
Superlativ (= Elativ):	„sehr . . .", „höchst . . .", „äußerst . . ." Zusammensetzungen („steinreich", „hochberühmt")

Für den lateinischen Ausdruck ‚quam + Superlativ' tritt im Deutschen die Grundform mit dem Adverb „möglichst" ein:

Quid sentiam, quam brevissimē tibi dīcam.	Was ich denke, will ich dir möglichst kurz erläutern.

Übung 14:

In dem folgenden Text vergleicht Cicero die kulturgeschichtliche Leistung der Römer mit der der Griechen. Übersetze den Text und löse dabei die darunter aufgeführten Aufgaben!

Meum semper iūdicium fuit omnia nostrōs aut invēnisse per sē sapientius quam Graecōs aut accepta ab illīs fēcisse meliōra. Nam mōrēs et īnstitūta vītae rēsque domesticās ad familiārēs nōs profectō et melius tuēmur et lautius, rem vērō pūblicam nostrī māiōrēs certē meliōribus temperāvērunt et īnstitūtīs et lēgibus. (Cicero, Tusc. disp. I 1/2)

Aufgaben:

1. Ordne alle Komparativ-Formen nach ihrer Satzglied-Funktion:

Attribut	Prädikatsnomen	Adverb

2. Welche Komparativ-Form ist als Substantiv gebraucht? Welches Satzglied stellt sie dar?

Erläuterungen:

rēs domesticae ac familiārēs	Ordnung in Haushalt und Familie
lautus (a, um) (lavāre 51)	rein, anständig

Vokabeln:

certē Adv. (certus 41)	gewiß, sicherlich
familiāris (e), is	vertraut, bekannt; Subst. Freund des Hauses
ille (illa, illud)	der (die, das) dort (↔ hic, haec, hoc 4), jener
īnstituere, uī, tūtum	1. einrichten; 2. beginnen; 3. unterrichten
īnstitūtum, ī n	1. Einrichtung; 2. Vorhaben
melior (ius), ōris	besser: Komparativ von bonus (a, um); Superl. optimus (a, um) bester
meus (a, um)	mein(er)
mōs, mōris m	Sitte, Brauch, Pl. Charakter
mōs māiōrum	Vätersitte, Herkommen, Tradition
profectō Adv.	in der Tat, sicherlich
sē	Akk. u. Abl. des Reflexivpronomens der 3. Person: sich
vērō Adv. (vērus 15)	wirklich, tatsächlich

Übung 15:

Übersetze den folgenden Textabschnitt aus Caesars Bericht über den Helvetierkrieg und löse dabei die darunter aufgeführten Aufgaben!

Caesarī cum id nūntiātum esset Helvētiōs per prōvinciam nostram iter facere cōnārī, mātūrat ab urbe proficīscī et quam maximīs potest itineribus in Galliam ulteriōrem contendit et at Genavam pervēnit. Prōvinciae tōtī quam maximum potest mīlitum numerum imperat. Erat omnīnō in Galliā ulteriōre legiō ūna. Pontem, quī erat propius ad Genavam iubet rescindī. Ubī dē eius adventū Helvētiī certiōrēs factī sunt, lēgātōs ad eum mittunt nōbilissimōs cīvitātis, quī dīcerent sibi esse in animō sine ūllō maleficiō iter per prōvinciam facere, propterea quod alia itinera longiōra essent; rogāre, ut eius voluntāte id sibi facere liceat.

(Nach Caesar, BG I 7, 1–3)

Aufgaben:

1. *Ordne alle Komparativ- und Superlativ-Formen nach ihrer Satzglied-Funktion:*

Attribut	Prädikatsnomen	Adverb

2. *Welche Steigerungsform ist als Substantiv gebraucht? Welches Satzglied stellt sie dar?*

Erläuterungen:

Genava, ae f	Genf
mīlitēs imperāre	die Gestellung von Soldaten befehlen
rescindere, scidī, scissum	einreißen, zerstören
aliquem certiōrem facere (certus 41)	jemand benachrichtigen
maleficium, iī n (male + facere)	Übeltat, Schaden

Vokabeln:

ad b. Akk.	bei, an; zu, nach
adventus, ūs m	Ankunft
cōnārī, tus sum	versuchen

contendere, tendi, tentum	behaupten; sich anstrengen, eilen; kämpfen
cum b. Konj.	als, nachdem
imperāre, vī, tum (imperium)	befehlen, beherrschen
legiō, ōnis f	Legion (ca. 5000–6000 Mann)
malus (a, um) (↔ bonus)	schlecht
mātūrāre	schnell zur Ausführung bringen, sich beeilen
nōbilis (e), is	edel, berühmt, vornehm Pl. der senatorische Adel
nūntiāre, vī, tum	melden, verkünden
omnīnō Adv. (omnis)	ganz und gar, völlig
pervenīre, vēnī, ventum	durchkommen, hingelangen
pōns, pontis m	Brücke
proficīscī, fectus sum	aufbrechen, marschieren, reisen
prope b. Akk. (Komp. propius, Superl. proximē)	nahe bei, in der Nähe von . . .
ulterior (ius), ōris	weiter entfernt, entfernterer
ubī (prīmum) (Ind. Perf.)	sobald als

Gebrauch der Pronomina

Ein großer Teil der Wörter jedes Textes besteht aus Pronomina. Mit dem folgenden Satz leitet Cicero einen Abschnitt über die unterschiedlichen Pflichten der Altersgruppen ein:

Quoniam officia nōn eadem dispāribus aetātibus tribuuntur alia que sunt iuvenum, alia seniōrum, aliquid etiam dē hāc distīnctiōne dīcendum est.
(Cicero, De off. I 122)

Weil nun nicht dieselben Pflichten für die unterschiedlichen Altersgruppen gelten, das eine sich für junge Leute schickt, das andere für die Älteren, so muß auch über diesen Unterschied etwas gesagt werden.

Unter den 19 Wörtern dieses Satzes sind 5 Pronomenformen. Sie gehören 4 verschiedenen Gruppen von Pronomina an: ‚alius' dient der Gegenüberstellung, ‚īdem' dem Hinweis auf Identisches, ‚aliquis, aliquid' hält die Aussage unbestimmt, während ‚hic, haec, hoc' ein hinweisendes Fürwort ist. In einem anderen Satz kurz vor dieser Stelle begegnen andere Pronomina:

Ineunte adulēscentiā id sibi quisque genus aetātis dēgendae cōnstituit, quod maximē adamāvit.
(Cicero, De off. I 117)

Wenn er erwachsen wird, entscheidet sich jeder für die Art, sein Leben hinzubringen, die er am meisten liebgewonnen hat.

Hier entfallen auf 12 Wörter 4 Pronomenformen unterschiedlicher Art. Während es sich bei ‚is, ea, id' wieder um ein hinweisendes Fürwort handelt, ist ‚sibi' der Dativ des Reflexivpronomens der 3. Person. Mit ‚quisque' wird die Aussage verallgemeinert. Das Relativpronomen ‚quī, quae, quod' aber dient der Verweisung innerhalb des Textes (quod → id).

Die Aufgabe des Übersetzers besteht also darin, die vielen Arten von lateinischen Pronomina zu unterscheiden, ihre Funktion im Text zu erkennen und dafür die deutsche Entsprechung zu suchen. Als Hilfe folgt auf den folgenden beiden Seiten eine Zusammenstellung der lateinischen Pronomina.

Personal- und Possessivpronomina:

Erste Person		Zweite Person		Dritte Person
(1) Personalpronomina:				
Sing. egō	Pl. nōs	Sing. tū	Pl. vōs	Reflexiv:
meī	nostrī (nostrum)	tuī	vestrī (vestrum)	suī
mihi	nōbīs	tibi	vōbīs	sibi
mē	nōs	tē	vōs	sē
mēcum	nōbīscum	ā tē	ā vōbīs	sēcum
(2) Possessivpronomina:				
Sing. meus (a, um)		Sing. tuus (a, um)		Reflexiv:
Pl. noster (tra, trum)		Pl. vester (tra, trum)		suus (a, um)

Teilungsgenitiv: quis nostrum? „Wer von uns?“ (aber: memoria nostrī „unser Nachruhm“)

Nichtreflexive Pronomina der 3. Person: Für das Pers.-Pron. tritt is, ea, id ein, für das Poss.-Pron. die Genitive eius, eōrum, eārum.

Pronomia der Wurzel qu-:

(1) Interrogativ (Frage):

quis (quid)? „wer (was)?“	quī (quae, quod)? „was für ein . . .?“

(2) Relativ (verweisend):

quī (quae, quod) „welcher“	verallgemeinernd: quicumque (quaecumque, quodcumque) u. quisquis (quidquid) „wer auch immer; jeder, der . . .“

(3) Indefinit (unbestimmte Aussage):

positiv: aliquis (aliquid) oder quis (quid) „irgendeiner“; aliquī (aliqua, aliquod) „irgendein . . .“	negativ: quisquam (quicquam) „(und nicht) irgendeiner“ ūllus (a, um) „(und nicht) irgendein . . .“

(4) Definit (bestimmte Aussage):

Verallgemeinerung: quisque (quidque) „jeder“
ūnusquisque (-quaeque, -quidque oder -quodque) „jeder einzelne“

Anonymität: quīdam (quaedam, quoddam) „ein bestimmter (der nicht genannt werden soll)„

Gegenüberstellung: alius (alia, aliud); Gen. alterīus; Dat. aliī „ein anderer"

Verneinung: nēmō; Dat. nēminī „niemand"
nūllus (a, um) „kein . . ."
nihil „nichts"

(5) Korrelativ (wechselseitige Beziehung):

Größe: quantus (a, um) . . . tantus (a, um) „wie (groß) . . . so groß"

Beschaffenheit: quālis (e), is . . . tālis (e), is „wie (beschaffen) . . . so"

Anzahl: quot . . . tot (unflektierbar) „wie viele . . . so viele"

Pronomina mit dem Suffix -ter (paarbildend):

Interrogativ: uter (tra, trum)? „wer (von beiden)?"

Relativ: uter (tra, trum) „welcher (von beiden?)"

Verneinung: neuter (tra, trum) „keiner (von beiden)"

Verallgemeinerung: uterque (traque, trumque) „jeder (von beiden)"

Gegenüberstellung: alter (tera, terum) „der eine/der andere (von beiden)"

Demonstrativpronomina (hinweisende Fürwörter):

Allgemein: is (ea, id) „er (sie, es); dieser (diese, dieses)„

Vergleichend: īdem (eadem, idem) „derselbe"

Im Bereich des Sprechers: hic (haec, hoc) „dieser (hier)"

Im Bereich des Angesprochenen: iste (ista, istud) „der da (bei dir)"

Im Bereich der 3. Person: ille (illa, illud) „der (die, das) dort; jener"
(↔ hic, haec, hoc)
ipse (ipsa, ipsum) „er (sie, es) selbst"

Übersetzungsprobleme kann es in folgenden Fällen geben:

Das Reflexivpronomen kann im Deutschen nicht immer mit „sich" wiedergegeben werden wie in dem folgenden Satz:

Caesar sē ad suōs recēpit.	Caesar zog sich zu seinen Leuten zurück.

In den weiteren Beispielen muß im Deutschen das nichtreflexive Personalpronomen der 3. Person eingesetzt werden:

Caesar mīlitēs hortātus est, ut sē sequerentur.	Caesar forderte die Soldaten auf, daß sie ihm folgen sollten.
Haeduī ā Caesare petīvērunt, ut ad sē venīret.	Die Haeduer baten Caesar darum, daß er zu ihnen komme.

Das deutsche Reflexivpronomen ist also als Entsprechung nur dann geeignet, wenn das lateinische Pronomen sich auf das Subjekt desselben Satzes bezieht (direktes Reflexiv), nicht aber, wenn das Subjekt des übergeordneten Satzes gemeint ist (indirektes Reflexiv):

Direktes Reflexiv	Caesar sē in castra recēpit.	Caesar zog sich in das Lager zurück.
Indirektes Reflexiv	Amīcus ā mē petīvit, ↑ ut sē vīsitārem.	Ein Freund hat mich gebeten, daß ich ihn besuche (ihn zu besuchen).

Bei der Wiedergabe des besitzanzeigenden Reflexivpronomens muß bedacht werden, daß die deutsche Entsprechung je nach Geschlecht und Numerus zwischen „sein" und „ihr" wechselt:

	masculinum	femininum	neutrum
Singular	„sein"	„ihr"	„sein"
Plural		„ihr"	

Also heißt es:

Māter rogābat, ut fīliō suō parcerētur. — Die Mutter bat darum, daß ihr Sohn geschont werde.

Pater rogābat, ut fīliō suō parcerētur. — Der Vater bat darum, daß sein Sohn geschont werde.

Parentēs rogābant, ut fīliō suō parcerētur. — Die Eltern baten darum, daß ihr Sohn geschont werde.

Das Pronomen ‚ipse' dient manchmal zur Hervorhebung und kann dann nicht mit „selbst" wiedergegeben werden, z. B. in den folgenden Beispielen:

Dīvitiae ipsae nēminem beātum reddunt. — Reichtum allein macht niemanden glücklich.

Lūcius trienniō ipsō minor erat quam Marcus. — Lucius war genau drei Jahre jünger als Marcus.

Wenn ‚alius' oder ‚alter' paarweise auftreten, muß nicht immer die gelernte Bedeutung „der eine/der andere" eingesetzt werden, wie es hier möglich ist:

Aliud aliī placet. — Dem einen gefällt dies, dem anderen das.

Man kann die Übersetzung verkürzen:

Hominibus aliud aliī ā nātūrā datum est.	Den Menschen ist von der Natur jeweils Verschiedenes mitgegeben worden.

Dazu ist oft das Wort „einander“ dienlich:

Hominēs alius alium amāre dēbent.	Die Menschen sollen einander lieben.
Scīpiō et Ennius alter alterō familiāriter ūsī sunt.	Scipio und Ennius verkehrten miteinander.

Übung 16:

Ordne die in dem folgenden Text vorkommenden Pronomenformen nach dem Muster der Übersicht auf S. 58f.!

Übersetze den Text!

Cicero verteidigt hier die These, daß das Glück allein in der Tugend bestehen könne, gegen eine beliebte Philosophenschule, welche die Lust und die Freiheit von Schmerz als das höchste Gut ansah:

Hīs verbīs capiuntur imperītī. Et propter huius modī sententiās istōrum hominum est multitūdō. Acūtē autem disputantis illud est, nōn quid quisque dīcat, sed quid cuique dīcendum sit, vidēre. Velut in eā ipsā sententiā, quam in hāc disputātiōne suscēpimus, omnēs bonōs semper beātōs volumus esse. Quōs dīcam bonōs, apparet; omnibus enim virtūtibus īnstrūctōs et ōrnātōs tum sapientēs, tum virōs bonōs dīcimus. Videāmus, quī dīcendī sint beātī. Equidem eōs exīstimō, quī sint in bonō nūllō adiunctō malō. Neque ūlla alia huic verbō, cum beātum dīcimus, subiecta nōtiō est nisī sēcrētīs malīs omnibus cumulāta bonōrum complexiō. Hanc assequī virtūs, sī quicquam praeter ipsam bonī est, nōn potest.

(Cicero, Tusc. disp. V 28/9)

Erläuterungen:

capiuntur	hier: sie lassen sich verleiten
sententia	hier: Ansicht, Lehrmeinung
acūtē disputāre	(ein Problem) scharfsinnig untersuchen
suscipere	hier: einen Satz als wahr annehmen, behaupten
cum beātum dīcimus	wenn wir vom Glück sprechen

nōtiō, ōnis f (cōgnōscere)	Kenntnis, Bedeutung
sēcernere, crēvī, crētum	absondern, trennen, scheiden
complexiō, ōnis f (complectī 10)	Verbindung, Verknüpfung
cumulāre	anhäufen, vollkommen machen

Vokabeln:

acūtus (a, um)	spitz; scharfsinnig
adiungere, iūnxī, iūnctum	hinzufügen, verknüpfen
apparēre, uī	offenkundig sein, erscheinen
assequī, secūtus sum	einholen, erreichen
beātus (a, um)	glücklich, reich
disputāre, vī, tum	erörtern, untersuchen
(disputātiō, ōnis f	Erörterung, Untersuchung)
enim	nämlich
equidem	ich (für meine Person)
imperītus (a, um)	unerfahren, unkundig
īnstruere, strūxī, strūctum	1. aufstellen, ausrüsten; 2. unterrichten
multitūdō, dinis f (multus)	Menge
neque	und nicht, auch nicht
ōrnāre, vī, tum	ausrüsten, schmücken
praeter b. Akk.	an . . . vorbei, außer
sententia, ae f	Meinung, Ansicht, Sinnspruch
sī	wenn, falls
subicere, iō, iēcī, iectum	unterwerfen, unterlegen
suscipere, iō, cēpī, ceptum	übernehmen, unternehmen
tum . . . tum	bald . . . bald
velut(ī)	so wie, gleich wie, wie zum Beispiel

Übung 17:

Welche Personen oder Kollektive werden in dem folgenden Text jeweils durch die Formen des Reflexivpronomens vertreten? Ordne die Formen nach den Kategorien ‚Direktes' und ‚Indirektes Reflexiv'! Übersetze den Text!

Ariovist hat mit seinen Sueben im Jahr 58 vor Chr. die Haeduer besiegt und unterworfen. Caesar fordert ihn auf, Gallien wieder zu verlassen. Der folgende Text enthält, in indirekter Rede von Caesar wiedergegeben, seine Antwort.

Ariovistus respondit: iūs esse bellī, ut, quī vīcissent, iīs, quōs vīcissent, quemadmodum vellent, imperārent. Item populum Rōmānum victīs nōn ad alterīus praescrīptum, sed ad suum arbitrium imperāre cōnsuēsse. Sī ipse populō Rōmānō nōn praescrīberet, quemadmodum suō iūre ūterētur, nōn oportēre sē ā populō Rōmānō in suō iūre impedīrī. Haeduōs sibi, quoniam bellī fortūnam temptāssent et armīs congressī ac superātī essent, stīpendiāriōs esse factōs. Māgnam Caesarem iniūriam facere, quī suō adventū vectīgālia sibi dēteriōra faceret. Haeduīs sē obsidēs redditūrum nōn esse neque hīs neque eōrum sociīs iniūriā bellum illātūrum, sī in eō manērent, quod convēnisset, stīpendiumque quotannīs penderent. (Caesar BG I 36, 1–5)

Erläuterungen:

praescrīptum, ī n (scrībere)	Vorschrift
arbitrium, iī n (arbitrārī)	Schiedsspruch; Belieben, Ermessen
cōnsuēsse	kontrahierte Form von cōnsuēvisse
praescrībere, scrīpsī, scrīptum	vorschreiben
temptāssent	kontrahierte Form von temptāvissent
stīpendiārius (a, um)	1. um Sold dienend; 2. abgabenpflichtig
vectīgal, ālis n, meist Pl.	Steuer, Zoll, Abgabe
stīpendium, iī n	1. Sold; 2. Kriegsdienst; 3. Steuer, Abgabe, Tribut
quotannīs Adv.	jährlich

Vokabeln:

arma, ōrum n Pl.	Waffen, Gerät
congredī, ior, gressus sum	zusammentreffen, kämpfen
cōnsuēscere, suēvī, suētum	sich gewöhnen; Perf. gewohnt sein
convenīre, vēnī, ventum	zusammenkommen, sich einigen
convenit	es schickt sich
dēterior (ius), ōris	geringer, schwächer, schlechter
impedīre, vī, tum	(ver)hindern
īnferre, īnferō, intulī, illātum	hineintragen, (einem etwas) zufügen
bellum īnferre m. Dat.	mit jemandem Krieg anfangen
item Adv.	ebenso, gleichfalls
obsēs, obsidis m f	Geisel, Bürge
oportet, uit	es ist nötig, es gehört sich
pendere, pependī, pēnsum	aufhängen, abwiegen, bezahlen
pendēre, pependī	(herab)hängen, schweben
quemadmodum Adv.	wie, auf welche Weise
quoniam	da ja
reddere, didī, ditum	1. zurückgeben; 2. machen zu

respondēre, spondī, spōnsum	antworten
socius, ii m	Gefährte, Bundesgenosse Adj. gemeinschaftlich
superāre, vī, tum	überragen, überwinden, überleben
temptāre, vī, tum	betasten, versuchen
ut b. Konjunktiv	daß
vincere, vīcī, victum	siegen, besiegen

Kontextbedeutung mehrdeutiger Verben

Es gibt im Lateinischen zahlreiche Verben mit mehreren unterschiedlichen Bedeutungen, die nicht alle in einem Lernvokabular aufgeführt werden können. Wenn aber die aktuelle Bedeutung eines solchen Verbs im Text von der gelernten Bedeutung abweicht, muß versucht werden, sie aus dem Kontext zu gewinnen, in dem das Verb vorkommt. Dabei spielt die grammatische Form der Ergänzung bzw. mehrerer Ergänzungen eine wichtige Rolle, welche das Verb bei sich hat. An sieben häufig vorkommenden Verben soll gezeigt werden, wie eine offene <u>Lexikonbedeutung</u> im Text durch die benachbarten Wörter und Formen eine nähere Bestimmung (Determination) erfährt und zur <u>Kontextbedeutung</u> des Verbums führt:

1 Das Verbum committere

committere, mīsī, missum	1. zustande bringen, veranstalten 2. anvertrauen

Zunächst einmal ‚paßt' eine der hier angeführten Bedeutungen nicht immer in den deutschen Ausdruck hinein, für den man sich beim Übersetzen entscheidet. So kann man zwar sagen:

lūdōs committere	Spiele <u>veranstalten</u>

Doch hier muß man anders übersetzen:

caedem committere	einen Mord <u>begehen</u>

Hier wieder anders:

proelium committere	einen Kampf beginnen

Sowie zur Akkusativ-Ergänzung ein Dativ-Objekt hinzutritt, haben wir es mit der unter 2. angegebenen Bedeutung zu tun:

alterī nāvem committere	dem anderen das Schiff anvertrauen

Diese Bedeutung ‚paßt' auch dann noch, wenn das Akkusativ-Objekt von einem prädikativen Gerundivum begleitet ist:

Senātus cōnsulibus urbem tuendam commīsit.	Der Senat hat den Konsuln den Schutz der Stadt anvertraut.

Wenn die Stelle der Akkusativ-Ergänzung aber durch einen Gliedsatz mit ‚ut' gefüllt wird, muß im Deutschen eine andere Bedeutung gefunden werden:

Perīculōsum iūris perītō est committere, ut accūsātor nōminētur. (Cicero, De off. II 50)	Es ist gefährlich für einen Juristen, es so weit kommen zu lassen, daß man ihn einen Ankläger nennt.

Statt also eine gelernte Bedeutung einzusetzen, muß man mit Hilfe der übrigen Satzglieder herausfinden, was gemeint sein kann, und dafür dann den treffenden deutschen Ausdruck suchen.

committere	Akkusativ-Ergänzung	veranstalten, zustande bringen
	Dativ-Erg. + Akk.-Erg.	anvertrauen
	Gliedsatz mit ‚ut'	es so weit kommen lassen

Übung 18:

Wie ist die jeweilige Bedeutung von committere? Übersetze den Text!

Proeliō commissō cīvēs intrā mūrōs sē recēpērunt. Cōnsulibus urbem dēfendendam commīserunt. Omnibus precibus ab eīs petīvērunt, nē committerent, ut urbs ab hostibus expūgnārētur.

Erläuterung:

proeliō commissō = postquam proelium commīsērunt . . .

Vokabeln:

dēfendere, fendī, fēnsum	abwehren, verteidigen
expūgnāre, vī, tum	erobern, erstürmen
mūrus, ī m	Mauer
nē b. Konj.	daß nicht, damit nicht
preces, um f Pl.	Bitten
proelium, iī n	Gefecht, Kampf
sē recipere (recipere 17)	sich zurückziehen

2 Das Verbum contendere

contendere, tendī, tentum	1. behaupten, versichern 2. sich anstrengen, eilen 3. kämpfen

Durch den AcI, die gängige Form des abhängigen Behauptungssatzes im Lateinischen, und die Nennung möglicher Zuhörer wird in dem folgenden Beispiel die unter 1. notierte Bedeutung aktualisiert:

Cōnsul apud senātōrēs contendit falsa eīs esse dēlāta.	Der Konsul behauptete vor den Senatoren, daß ihnen Falsches berichtet worden sei.

Weil in dem folgenden Satz die streitenden Parteien erwähnt werden, kommt nur die unter 3. angeführte Bedeutung in Frage:

Labiēnus parvā manū contrā hostēs frequentēs contendit.	Mit einer kleinen Schar kämpfte Labienus gegen zahlenmäßig überlegene Feinde.

Der Streitgegenstand wird entweder in einer präpositionalen Wendung genannt:

dē prīncipātū contendere	um die Führung kämpfen

oder in einem abhängigen Fragesatz angegeben:

Hī inter sē contendērunt, uter potius rem pūblicam administrāret. (Cicero, De off. I 87)	Diese stritten sich darüber, wer von ihnen eher den Staat leiten solle.

Aus der unter 2. angegebenen Bedeutungsgruppe betrifft das Wort „eilen" eine Fortbewegung, wie sie in diesem Beispiel gemeint ist:

Caesar quam maximē potest itineribus in Galliam ulteriōrem contendit.	Caesar eilte in möglichst großen Tagesmärschen in das jenseitige Gallien.

Sowohl die Bemerkung über die Marschleistung wie die Zielangabe führen zur Bedeutung ‚eilen' hin. In der anderen unter 2. notierten Bedeutung ‚sich anstrengen' wird eine Ergänzung erforderlich, in der angegeben ist, worum das handelnde Subjekt sich bemüht, wofür es sich anstrengt. Im Lateinischen ist dafür der Gliedsatz mit ‚ut' oder ‚nē' vorgesehen:

Caesar rēmīs contendit, ut eam partem īnsulae caperet. (Caesar BG V 8, 3)	Caesar bemühte sich durch Rudern, diesen Teil der Insel zu erreichen.

Mit einer einfachen Akkusativ-Ergänzung kann contendere die Bedeutung ‚anspannen' haben:

corpus contendere	den Körper, die Körperkraft anspannen

Hier ist ein Textbeleg:

Onera contentīs corporibus facilius feruntur, remissīs opprimunt. (Cicero, Tusc. disp. II 54)	Lasten lassen sich leichter tragen, wenn man den Körper anspannt, wenn man ihn locker läßt, drücken sie.

contendere	Akkusativ-Ergänzung	anspannen
	AcI	behaupten, versichern
	Gliedsatz mit ‚ut' oder ‚nē'	sich anstrengen, sich bemühen
	Adv. Best. der Richtung	eilen
	Präpos. Ausdruck mit ‚cum', ‚contra' o. ä.; abh. Fragesatz	kämpfen, streiten

Übung 19:

Wie ist die jeweilige Bedeutung von contendere? Übersetze den Text!

Cīvēs inter sē saepe dē administrandā rē pūblicā contendunt. Nam sē quisque rem pūblicam optimē administrātūrum esse contendit. Sed contendere eōs praestat, nē ambitiō honōrumque contentiō reī pūblicae perniciēī fīant.

Vokabeln:

administrāre, vī, tum	verwalten, leiten
ambitiō, ōnis f	Ehrgeiz
contentiō, ōnis f (contendere)	Anspannung, Streit
perniciēs, ēī f	Verderben, Untergang
praestat	es ist besser
quisque (quidque)	jeder
saepe	oft

3 Das Verbum consulere

cōnsulere, luī, ltum	1. um Rat fragen, beratschlagen 2. beschließen 3. sorgen für ...

Die Bedeutung „um Rat fragen“ macht Angaben nötig, wer um seinen Rat gebeten wird und worauf sich die Frage bezieht:

Senātum cōnsuluī, dē summā rē pūblicā quid fierī placēret. (Cicero, In L. Cat. III 13)	Ich habe den Senat befragt, welche Schritte seiner Meinung nach zum Wohle des Staates unternommen werden sollten.

Zum „Beratschlagen“ gehören Gesprächspartner und ein Thema:

In senātū dē eā lēge multum et diū cōnsultum est.	Im Senat wurde über dieses Gesetz viel und lange beraten.

Das Ergebnis einer solchen Beratung kann ein ‚Beschluß‘ sein:

senātūs cōnsultum	ein Senatsbeschluß

In der Bedeutung ‚beschließen' kommt das Verb nur mit einer präpositionalen Wendung, welche die Person angibt, und mit einem Adverb vor, das die Art und Weise des Vorgehens charakterisiert:

In secundīs rēbus nihil in quemquam superbē ac violenter cōnsulere decet. (Livius 45, 8, 3)	In ruhigen Verhältnissen braucht man gegen niemanden mehr hart und gewaltsam Maßnahmen zu ergreifen.

Die unter 3. notierte Bedeutung ist oft an der Dativ-Ergänzung zu erkennen:

Caesar sibi quemque cōnsulere iussit.	Caesar ordnete an, daß jeder für sich selbst sorgen solle.

Auch ein Gliedsatz mit ‚ut' oder ‚nē' kann diese Stelle ausfüllen:

Cōnsulere dēbēmus, ut eārum rērum cōpia sit, quae sunt necessāriae.	Wir müssen dafür sorgen, daß ein Vorrat an lebenswichtigen Gütern vorhanden ist.

In dieser Bedeutung ist ‚cōnsulere' mit anderen bedeutungsähnlichen Verben (Synonymen) austauschbar:

Prōspiciendum esse putabat, nē quid ille reī pūblicae nocēre posset. (Caesar BG V 7, 2)	Er war der Ansicht, man müsse dafür sorgen, daß jener dem Staat nicht schaden könne.
Prōvidē, nē quid ei dēsit. (Cicero, Ad Att. XI 3, 3)	Sorge dafür, daß ihm nichts fehlt.

Diese Verben haben mit Dativ-Objekt die Bedeutung „sorgen für", während sie mit einer Akkusativ-Ergänzung soviel wie „voraussehen" bedeuten:

commūnī salūtī prōvidēre (prōspicere)	für das Gemeinwohl Vorsorge treffen
rēs futūrās prōvidēre (prōspicere)	zukünftige Ereignisse voraussehen

Bei Füllung der Stelle durch einen Gliedsatz ist dieser im ersten Fall ein abhängiger Begehrungssatz, im zweiten ein indirekter Fragesatz:

Cōnsulere ac prōspicere dēbēmus, ut līberōrum nostrōrum pueritia quam firmissimō praesidiō mūnīta sit.	Wir müssen unbedingt dafür sorgen, daß die Kindheit unserer Sprößlinge durch einen möglichst starken Schutz gesichert sei.
Gallī, quid agant, cōnsulunt.	Die Gallier beraten, was sie jetzt tun sollen.
Quid in quāque parte opus esset, prōvidērī nōn poterat. (Caesar BG II 22, 1)	Was in jedem Abschnitt zu tun war, konnte nicht vorausgesehen werden.

Erst wenn man das ganze Satzgefüge überschaut, sollte man die ‚passende' Bedeutung für ‚cōnsulere', ‚prōspicere' oder ‚prōvidēre' einsetzen.

cōnsulere	Akk.-Erg. + Präpos. Ausdruck mit ‚dē' oder abh. Fragesatz	um Rat fragen
	Präpos. Ausdruck mit ‚dē' oder abh. Fragesatz	beratschlagen
	Präpos. Ausdruck mit ‚dē' oder ‚in' (Person)	beschließen
	Dat.-Erg. oder Gliedsatz mit ‚ut'	sorgen für
prōvidēre prōspicere	Akk-Erg. oder AcI oder abh. Fragesatz	vorhersehen
prōvidēre prōspicere cōnsulere	Dat.-Erg., Gliedsatz mit ‚ut' oder ‚nē'	sorgen für

Übung 20:

Wie ist die jeweilige Bedeutung von cōnsulere? Übersetze den Text!

Cōnsulis mē, quid dē rē pūblicā cōnservandā sentiam. Equidem rem pūblicam māgnō in perīculō esse putō, nisī discordiam sēditiōnemque cavēbimus ac sevērissimē cōnsulēmus in eōs, quī, quidquid vel dīcunt vel faciunt, partium ratiōnibus neque commūnī salūtī cōnsulunt.

Erläuterung:

partium ratiōnēs	Parteiinteressen

Vokabeln:

cavēre, cāvī, cautum	sich hüten, Vorsorge treffen
commūnis (e), is	gemeinsam, allgemein
concordia, ae f	Eintracht, Einigkeit
↔ discordia, ae f	Zwietracht, Uneinigkeit
partēs, ium f Pl.	Partei
ratiō, ōnis f	1. Berechnung; 2. Art und Weise; 3. Vernunft

salūs, ūtis f	Wohlergehen, Heil, Rettung
sēditiō. ōnis f	Aufstand, Aufruhr
sentīre, sēnsī, sēnsum	(be)merken, empfinden, meinen
sevērus (a, um)	ernst, streng
vel (velut 62)	oder (auch), oder sogar, zum Beispiel
vel . . . vel	teils . . . teils

4 Das Verbum persuadere

persuādēre, suāsī suāsum	1. überreden 2. überzeugen

Beim Überzeugen geht es darum, jemanden zur Anerkennung eines Sachverhalts zu bringen. Dieser wird in Form des AcI von dem Verbum ‚persuādēre' abhängig gemacht:

Solō frūstrā cōnātus est Croesō persuādēre nēminem ante mortem beātum esse praedicandum.

Solon hat vergeblich versucht, Kroesus davon zu überzeugen, daß niemand vor seinem Tod glücklich genannt werden dürfe.

Das Überreden besteht aus dem Versuch, jemanden auch wider dessen besseres Wissen zu einer bestimmten Handlung zu bewegen. Diese findet im Lateinischen ihren Platz in einem mit ‚ut' oder ‚nē' eingeleiteten Ergänzungssatz:

Themistoclēs populō persuāsit, ut pecūniā pūblicā classis centum nāvium aedificārētur.

Themistoles überredete das Volk dazu, auf Staatskosten eine Flotte von hundert Schiffen zu bauen.

Der Adressat der Überredungs- oder Überzeugungshandlung steht im Dativ. Umformungsprobleme gibt es nur, wenn dieser Adressat durch ein Personalpronomen der 1. oder 2. Person bezeichnet wird:

Mihi numquam persuādērī potuit animōs, dum in corporibus essent mortālibus, vīvere, cum excessissent ex eīs, ēmorī.
(Cicero, Cato mai. 80)

Ich habe mich nie davon überzeugen können, daß die Seele, solange sie sich im sterblichen Körper befindet, lebt, sobald sie ihn aber verlassen hat, stirbt.

Quod sī tibi persuāsum sit, . . .

Wenn du davon überzeugt bist, . . .

Tibi persuādē esse tē mihi cārissimum!

Sei überzeugt, daß du mir lieb und teuer bist!

Wie bei ‚persuādēre' sind auch bei (ad)monēre die beiden Bedeutungen ‚mahnen' und ‚erinnern' durch die syntaktische Konstruktion unterschieden. Jemand ‚erinnert' einen anderen an eine Tatsache, die im AcI ausgedrückt wird:

Caesar monuit eōs eius diēī victōriam in eōrum virtūte cōnstāre.
(Caesar BC III 89)

Caesar erinnerte sie daran, daß der Sieg an diesem Tage von ihrem Einsatz abhänge.

Wenn jemand einen anderen ‚ermahnt' oder ‚warnt', will er ihn zu einem bestimmten Handeln veranlassen. Hier ist der Ergänzungssatz mit ‚ut' oder ‚nē' am Platz:

Hunc admonet, ut iter cautē dīligenterque faciat.
(Caesar BG V 49, 2)

Diesen ermahnt er, unterwegs vorsichtig und behutsam zu sein.

persuādēre (Person: Dat.-Erg.)	Ergänzungssatz mit ‚ut' oder ‚nē'	überreden
	AcI	überzeugen
(ad)monēre (Person: Akk.-Erg.)	Ergänzungssatz mit ‚ut'	ermahnen
	Ergänzungssatz mit ‚nē'	warnen
	AcI	erinnern

Übung 21:

Wie ist die jeweilige Bedeutung von persuādēre? Übersetze den Text!

Orgetorix war ein führender, sehr einflußreicher Helvetier, der im Jahr 61 vor Chr. sein Volk für den Plan gewann, die Heimat zu verlassen und neue Wohnsitze in Gallien zu suchen.

Orgetorīx cīvitātī persuāsit, ut dē fīnibus suīs exīrent. Perfacile esse, cum virtūte omnibus praestārent, tōtīus Galliae imperiō potīrī. Id hōc facilius iīs persuāsit, quod undique locī nātūrā Helvētiī continentur. Prō multitūdine autem hominum et prō glōriā bellī atque fortitūdinis angustōs sē fīnēs habēre Orgetorīx Helvētiīs persuāsit.

(Nach Caesar BG I 2)

Erläuterungen:

perfacilis (facilis) — sehr leicht (zu tun)

hōc — um so (leichter): Abl. mensurae, gibt das Maß des Unterschieds an

Vokabeln:

angustus (a, um)	eng; schwierig
cum b. Konj.	weil (vgl. cum 41 u. 55)
exire, eō, iī, itum	herausgehen
fortitūdō, dinis f	Tapferkeit
potīrī, tus sum (mit Abl.) (potestas 24)	erobern
praestāre, praestat (Dat. d. Person u. Abl. des Vergleichspunkts) (52)	besser sein
pro b. Abl.	vor, für
undique	von allen Seiten, auf allen Seiten

Übung 22:

Wie ist die jeweilige Bedeutung von (ad)monēre? Übersetze den Text!

Dux cīvēs monuit eōs intrā mūrōs tūtōs esse. Itaque monuit eōs, nē sōlī aut paucīs cum comitibus extrā moenia versārentur. Postrēmō eōs admonuit, ut suae prīstinae virtūtis memoriam retinērent hostiumque impetum aequō animō sustinērent.

Erläuterung:

prīstinus (a, um) (vetus 27)	vormalig, früher

Vokabeln:

admonēre, uī, itum	mahnen, erinnern
comes, comitis m	Begleiter, Gefährte
cum b. Abl. (↔ sine 39)	mit
dūcere, dūxī, ductum	1. glauben, meinen, halten für; 2. ziehen; 3. führen
dux, ducis m	(An-)Führer
extrā b. Akk.(↔ intrā 51)	außerhalb von, Adv. außen
impetus, ūs m	Antrieb, Schwung, Angriff
itaque	(und so), daher
moenia, ium n Pl. (mūrus 66)	Stadtmauer
monēre, uī, itum	erinnern, mahnen
monēre, nē	warnen
paucī (ae, a)	(nur) wenige
postrēmō Adv.	zuletzt, schließlich
sōlus (a, um); Gen. sōlīus; Dat. sōlī	allein
sustinēre, uī (retinēre 17)	aushalten, ertragen
tūtus (a, um); Adv. tūtō	sicher, geschützt
versārī, tus sum	sich aufhalten, sich bewegen in . . .

5 Das Verbum concedere

concēdere, cessī, cessum	nachgeben, gestatten, zugestehen

Wie das deutsche Verb ‚nachgeben', so hat auch ‚concēdere' in dieser Bedeutung den Dativ bei sich:

In eā rē vel concēdere alterī vel ad condiciōnem alterīus dēscendere oportēbit.
(Cicero, De invent. II 174)

In dieser Sache wird man wohl dem anderen nachgeben oder sich auf seine Bedingungen einlassen müssen.

Wenn zu diesem Dativ noch eine Akkusativ-Ergänzung hinzutritt, kommt die Bedeutung ‚gestatten, erlauben' zustande:

Caesar oppidum ad dīripiendum militibus concessit.
(Caesar BC III 80, 7)

Caesar überließ die Stadt den Soldaten zur Plünderung (erlaubte den Soldaten, die Stadt zu plündern).

Die Erlaubnis kann auch in einem Gliedsatz ausgedrückt werden:

Caesar mīlitibus concessit, ut oppidum dīriperent.

Caesar gestattete den Soldaten, daß sie die Stadt plünderten.

In dem folgenden Fall aber führt die Kombination von Dativ- und Akkusativ-Ergänzung zu einer anderen Bedeutung:

Ei ōrātōrī māiōrēs nostrī summam laudem dīcendī concessērunt.
(Nach Cicero, De or. I 23)

Diesem Redner gestanden unsere Vorfahren den höchsten Ruhm in der Redekunst zu.

Wenn dieses Zugeständnis in einer satzwertigen Form ausgedrückt werden soll, muß der AcI angewendet werden:

Eum ōrātōrem summā dīcendī laude dīgnum esse māiōrēs nostrī concessērunt.

Unsere Vorfahren gaben zu, daß dieser Redner des höchsten Lobes in der Redekunst würdig sei.

Während sich das Nachgeben des handelnden Subjekts im ersten Fall auf eine Handlung bezog, zu der die Erlaubnis erteilt wurde, bezieht es sich nun auf einen Sachverhalt, der als zutreffend eingeräumt wird.

concēdere	Dat.- und Akk.-Erg.	jemandem nachgeben
	Dat.- u. Akk.-Erg. oder Gliedsatz mit ‚ut‘	erlauben, gestatten
	Dat.- u. Akk.-Erg. oder AcI	einräumen, zugestehen, zugeben

Übung 23:

Wie ist die jeweilige Bedeutung von concēdere? Übersetze den Text!

Verres soll für seine Übergriffe als Gouverneur der Provinz Sizilien zur Verantwortung gezogen werden. Im Vorverfahren zur Bestimmung des Anklägers gibt Ciceros Gegner Q. Caecilius als Begründung für seine Bewerbung an, er sei von Verres beleidigt worden. Cicero interpretiert dagegen seine Rolle als Ankläger in der Weise, daß er als Patron der von Verres geschädigten und unrecht behandelten Sizilier auftritt. Er spricht hier seinen Antragsgegner direkt an:

Sī ei potissimum concēdis permittī oportēre accūsandī potestātem, cui maximam C. Verrēs iniūriam fēcerit, utrum tandem cēnsēs hōs iūdicēs gravius ferre oportēre, tē ab illō laesum an prōvinciam esse vexātam ac perditam?
Opīnor, concēdēs multō hoc et esse gravius et ab omnibus ferrī gravius oportēre.
Concēde igitur, ut tibi antepōnātur in accūsandō prōvincia. Nam prōvincia accūsat, cum is agit causam, quem sibi illa dēfēnsōrem suī iūris, ultōrem iniūriārum, āctōrem causae tōtīus optāvit.

(Cicero, In Q. Caecilium oratio, quae divinatio dicitur 54)

Erläuterungen:

dēfēnsor, ōris m (dēfendere 66)	Verteidiger
ultor, ōris m (ulcīscī 36)	Rächer
āctor, ōris m (agere)	Kläger oder Verteidiger

Vokabeln:

accūsāre, vī, tum (an)	anklagen, beschuldigen
an (im abh. Fragesatz)	oder
antepōnere, posuī, positum (praepōnere 24)	vorziehen

cēnsēre, uī, cēnsum	schätzen, meinen, für etwas stimmen
igitur	also, folglich
is (ea, id)	er (sie, es); dieser (diese, dieses)
laedere, laesī, laesum	verletzen, beschädigen
multō (Abl. mensurae)	um vieles, viel
opīniō, ōnis f	Erwartung, Meinung
opīnārī, tus sum	glauben, meinen
optāre, vī, tum	wünschen, wählen
perdere, didī, ditum	zugrunde richten; verlieren
permittere, mīsī, missum	überlassen, erlauben
potius Adv.	vielmehr, eher, lieber
potissimum	hauptsächlich, am liebsten
suus (a, um)	sein, ihr (Reflex. Poss.-Pron. der 3. Pers.)
tandem Adv.	endlich
tū/tibi/tē	du/dir/dich
utrum	was von beiden
vexāre, vī, tum	quälen

6 Das Verbum reddere

reddere, didī, ditum	1. zurückgeben, bringen 2. machen zu

In dem Satz:

Captīvōrum circiter vīgintī mīlia Haeduīs reddidit.	Ungefähr 20 000 Gefangene gab er den Haeduern zurück.

ist die Bedeutung „zurückgeben" durch die Nachbarschaft des Begriffs „Gefangene" bedingt. Demgegenüber ist in dem folgenden Beispiel nicht an eine Rückgabe, sondern an eine Übergabe gedacht:

Litterās ā tē mihi reddidit stator tuus.	Dein Adjutant brachte mir einen Brief von dir.

Wieder steht die Person, welche etwas erhält, im Dativ, während die Gabe selbst in der Akkusativ-Ergänzung genannt wird. Doch kommt das Verb auch gelegentlich nur mit einem Akkusativ-Objekt vor:

Hortēnsius, quae sēcum commentātus erat, ea sine scrīptō verbīs eīsdem reddēbat, quibus cōgitāverat.

(Cicero, Brutus 301)

Hortensius konnte, was er in Gedanken entworfen hatte, ohne schriftliche Vorlage mit denselben Worten, mit denen er es sich ausgedacht hatte, wiedergeben.

Hier hat ‚reddere' die Bedeutung ‚etwas sprachlich wiedergeben', wobei eine Umstandsbestimmung die Art und Weise dieser Wiedergabe bezeichnet, z. B. ‚verbīs eīsdem'; aber auch ‚Latīnē' („auf Lateinisch") wäre denkbar. Dann wäre die Bedeutung „übersetzen".

Mit dem doppelten Akkusativ wird die unter 2. aufgeführte Bedeutung aktualisiert:

Pompēius praedōnibus perdomitīs mare tūtum reddidit.

Dadurch, daß er die Seeräuber in seine Gewalt gebracht hat, machte Pompeius das Meer sicher.

Hier kann durch eine adverbiale Bestimmung zusätzlich die Ausgangslage erwähnt werden, die dem Vorgang des ‚reddere' zugrunde lag:

Ēloquentia hominēs ex ferīs et immānibus mītēs reddidit et mānsuētōs.

(Cicero, De invent. I 2)

Die Beredsamkeit hat die Menschen aus wilden furchtbaren Wesen zu friedlichen und zivilisierten Leuten gemacht.

reddere	Akk.-Erg., adv. Best.	(sprachlich) wiedergeben, übersetzen
	Dat.- und Akk.-Erg.	zurückgeben, bringen
	Dopp. Akk. (Objekt und Prädikativum)	machen zu

Übung 24:

Wie ist die jeweilige Bedeutung von reddere? Mit welcher grammatischen Konstruktion hängt sie zusammen? Übersetze den Text!

Herī litterae tuae mihi redditae sunt, quibus ā mē petis, ut tibi librōs, quōs mihi paulō ante mīserās, redderem. Egō autem hōs librōs diūtius tenēre volō, ut, quae lēgī Graecē, Latīnē reddam. Sī id mihi concēdēs, contentum mē et laetum reddēs.

Erläuterungen:

Graecus (a, um)	griechisch
Latīnus (a, um)	lateinisch
Adv. Graecē, Latīne	auf Griechisch, auf Lateinisch

Vokabeln:

ā/ab/abs b. Abl.	von, von . . . her
ante b. Akk.	vor; Adv. vorher
contentus (a, um)	zufrieden
egō/mihi/mē	ich/mir/mich
herī	gestern
laetus (a, um)	fröhlich, munter
legere, lēgī, lēctum	sammeln, lesen
liber, brī m	Buch
paulō (↔ multō 76)	um weniges, wenig
quī (quae, quod)	der (die, das); welcher (welche, welches); wer (was)
tuus (a, um) (meus, suus 76)	dein

7 Die Verben praebere und praestare

praebēre, uī, itum	zeigen, gewähren
praestāre, stitī	1. erweisen, leisten 2. voranstehen, übertreffen

Beide Verben sind in mehreren syntaktischen Verbindungen bedeutungsähnlich (synonym), zunächst mit einer einfachen Akkusativ-Ergänzung:

Et prōmīsit ōrātōrem et praebuit.	Er hat einen Redner versprochen und hat ihn auch <u>zur Verfügung gestellt</u>.
In eā rē facile officium suum praestāre potest.	In dieser Angelegenheit kann er leicht seine Pflicht <u>erfüllen</u>.

Auch die Verbindung eines Akkusativ-Objekts mit einer Dativ-Ergänzung, in der die Person genannt wird, welcher die Leistung gilt, ist beiden Verben gemeinsam:

Amīcō fidem praestitit.	Er <u>hat</u> dem Freund gegenüber sein Wort <u>gehalten</u>.

Ariovistus Caesarī colloquendī facultātem praebuit.	Ariovist bot Caesar eine Möglichkeit zur Unterredung.

Schließlich kommen beide Verben auch mit dem doppelten Akkusativ (des Objekts und des Prädikativums) vor, und zwar meist als reflexive Ausdrücke, z. B.:

sē dīgnum māiōribus suīs praestāre	sich seiner Vorfahren würdig erweisen

oder:

sē līberālem in amīcōs praebēre	sich großzügig gegenüber Freunden zeigen

Wenn ein solcher Ausdruck aus der 3. Person in eine andere Person gesetzt wird, wechseln mit der Personalendung des Verbs auch die Pronomina:

Māiōribus tuīs tē dīgnum praestitistī.	Du hast dich deiner Vorfahren würdig erwiesen.

Es gibt eine Bedeutung, welche die beiden Verben nicht teilen, die vielmehr nur ‚praestāre' vorbehalten ist:

Mihi videntur hominēs hāc rē maximē bēstiīs praestāre, quod loquī possunt. (Cicero, De invent. I 5)	Mir scheinen sich die Menschen vor allem dadurch positiv von den Tieren zu unterscheiden, daß sie sprechen können.

In dieser Bedeutung findet sich neben der Dativ-Ergänzung meist ein adverbialer Ablativ, der angibt, worin oder wodurch jemand besser ist als ein anderer. In der vergleichenden Funktion kommt das Verb auch oft als unpersönlicher Ausdruck vor:

Accipere quam facere praestat iniūriam. (Cicero, Tus. disp. V 56)	Unrecht erleiden ist besser als Unrecht tun.

praebēre praestāre	Akk.-Ergänzung	zeigen, leisten, zur Verfügung stellen, erfüllen
	Dat.-Erg. und Akk.-Ergänzung	gewähren, bieten, erweisen
	Doppelt. Akk. (Objekt + Prädikativum), meist reflexiv	sich erweisen als . . ., sich zeigen als . . .
praestāre	Dativ-Ergänzung und Abl. limitationis (in welcher Hinsicht?)	voranstehen, übertreffen
praestat	Infin. oder AcI	es ist besser

Übung 25:

Wie ist die jeweilige Bedeutung von praebēre und praestāre? Mit welcher grammatischen Konstruktion hängt sie zusammen? Übersetze den Text!

Caesar mīlitēs hortātus est, ut fortēs sē praebērent, quoniam Gallīs virtūte praestārent. Gallī autem Caesaris adventū perturbātī erant, cōpiāsne adversus hostem dūcere an castra dēfendere an fugā salūtem petere praestāret. Tamen officia praestitērunt et intrā mūnītiōnēs permānsērunt, ut Rōmānīs speciem atque opīniōnem dēfēnsōrum praebērent.

Erläuterungen:

permanēre, mānsī (manēre 51)	verbleiben, ausharren
dēfēnsor, ōris m (dēfendere 66)	Verteidiger

Vokabeln:

adversus (a, um)	(zugewandt) entgegen; feindlich
adversus Präp. b. Akk.	gegen
cōpia, ae f	Vorrat, Fülle, Möglichkeit
cōpiae, ārum f Pl.	Truppen, Streitkräfte
fortis (e), is (fortitūdō 73)	tapfer, mutig
fuga, ae f	Flucht
hortārī, tus sum	ermahnen, auffordern
mūnītiō, ōnis f	Festungsanlage, Befestigung
-ne	Fragepartikel; im Gliedsatz: ob
-ne . . . an	(ob) . . . oder
officium, iī n	Dienst(leistung), Pflicht
perturbāre, vī, tum	beunruhigen, in Verwirrung bringen Pass. vor Verwirrung nicht wissen
speciēs, ēī f	Gestalt, Aussehen, Schein

Besonderheiten einiger Aktiv- und Passivformen

Um die Kontextbedeutung bestimmter Verbformen genau wiederzugeben, muß man einige Überlegungen anstellen. So ist es z. B. naheliegend, daß ein Heerführer sich nicht persönlich mit der Verpflegung für seine Leute abschleppt. Entsprechend gebraucht der Autor anstelle des ausführlichen Ausdrucks ‚supportandum cūrāvit' („er ließ heranschaffen") das einfache Perfekt ‚supportāvit':

Pompēius frūmentum exercituī nāvibus supportāvit.	Pompeius ließ Getreide für sein Heer auf Schiffen heranschaffen.

Der Übersetzer hat diesen Bedeutungsaspekt der Verbform bei seiner Wiedergabe berücksichtigt.

Bisweilen bezieht sich eine Personalendung nicht auf ein bestimmtes Subjekt, sondern kann mit „man" o. ä. übersetzt werden:

Haec est ūna omnis sapientia nōn arbitrārī sēsē scīre, quod nesciat.	Das ist die einzige lautere Weisheit, wenn man sich nicht einbildet, daß man wisse, was man nicht weiß.

Nicht nur die 3. Person Sing. kann eine solche allgemeine Bedeutung haben. Oft wird die 2. Person Sing. in diesem Sinn gebraucht:

Memoria minuitur, nisī eam exerceās.	Die Gedächtniskraft nimmt ab, wenn man sie nicht übt.

Auch die 1. Person Plur. kann zur Formulierung allgemeiner Erfahrungen verwendet werden:

Cōnsuēta vitia ferimus, nova reprehendimus.	Die üblichen Fehler erträgt man, neue aber rügt man.

Sprichwörtliche Formulierungen stehen oft im Passiv:

Iūdex damnātur, cum nocēns absolvitur.	Man verurteilt den Richter, wenn ein Schuldiger freigesprochen wird.

Gerade Passivformen können nicht immer durch eine entsprechende deutsche Form wiedergegeben werden. Um ihren Sinn zu treffen, sind Umformungen nötig, von denen der Aktivsatz mit dem Subjekt „man" nur eine Möglichkeit darstellt:

Rhodanus nōnnūllīs locīs vadō trānsītur.	Die Rhone kann man an einigen Stellen auf einer Furt überqueren.

Manchmal muß man im Deutschen ein bedeutungsähnliches Verb suchen:

Terra movērī coepit.	Die Erde begann zu beben.

Es kann auch die Wahl einer anderen Wortart nötig werden. In dem folgenden Beispiel ist das Bedeutungsmerkmal der Passivform auf einen adverbialen Ausdruck übergegangen:

Ōrātiōnēs meae legī dēsitae sunt.	Meine Reden liest man nicht mehr.

Die lateinische Struktur läßt sich nicht nachahmen: „Meine Reden sind aufgehört worden gelesen zu werden“ ist im Deutschen keine korrekte grammatische Formulierung.

Die im letzten Beispiel gewählte Umformung ins Aktiv ist oft die beste Lösung:

Trīgintā nāvēs mittī sunt iussae.	Es erging Befehl, dreißig Schiffe zu schicken.
Mīlitēs vetītī erant īgnēs in castris accendere.	Die Soldaten durften im Lager kein offenes Feuer machen.

Man sieht, daß es sich bei diesen Beispielen um die Konstruktion des NcI handelt, die auch hier wieder eine Umformung nötig macht:

Pōns in flūmine prope effectus esse nūntiābātur.	Man machte Meldung, daß die Brücke über den Fluß fast fertig sei.

Wieder anders muß übersetzt werden, wenn eine Passivform reflexive Bedeutung hat:

Tempora mūtantur, nōs mūtāmur in illīs.	Die Zeiten ändern sich, wir ändern uns in ihnen.

Auch ein deutsches Modalverb kann für die Wiedergabe gewählt werden:

Multī avāritiā ad turpissima scelera rapiuntur.	Viele lassen sich aus Habgier zu den scheußlichsten Verbrechen hinreißen.

Schließlich kann es sich bei der Passivform um ein Deponens handeln, das keine Übersetzungsprobleme aufgibt:

Caesar captīvīs lībertātem pollicitus est (= prōmīsit).	Caesar versprach den Gefangenen die Freiheit.

Übung 26:

Übersetze den folgenden Text und löse dabei die darunter aufgeführte Aufgabe!

Apud Cicerōnem in librō, quī ‚Laelius‘ īnscrībitur, haec scrīpta vidēmus: Bonī virī ex amīcitiā tantōs frūctūs capiunt, quantī vix possunt dīcī. Nam cētera bona, quae plērumque petuntur, velut dīvitiae, ut ūtāris, voluptātēs, ut gaudeās, honōrēs, ut laudēris, nōs beātōs reddere nōn possunt. Amīcitia autem rēs plūrimās continet; et amīcitiā tōta vīta beāta efficī vidētur. Quōquō tē verteris, nusquam sōlus aut desertus eris, quoniam amīcus absēns aderit et tuīs rēbus intererit. Itaque nōn aquā, nōn īgnī, ut dīcunt, crēbrius ūtimur quam amīcitiā.

(Nach Cicero, Laelius 22)

Aufgabe:

In der folgenden Tabelle sind einige Formulierungen des Textes in der Reihenfolge des Vorkommens mit je zwei deutschen Wiedergaben eingetragen. Ordne die darunter aufgeführten Übersetzungsvorschläge an der passenden Stelle in das Schema ein!

īnscrībitur	wird betitelt	trägt den Titel
scrīpta vidēmus	sehen wir geschrieben	liest man
quantī vix possunt dīcī	wie groß sie kaum gesagt werden können	wie man es kaum ausdrücken kann
quae petuntur		
ut ūtāris		
ut gaudeās		
ut laudēris		
beāta efficī vidētur		
quōquō tē verteris		
ut dīcunt		

„wohin man sich auch wendet" – „wie sie sagen" – „scheint als glücklich hervorgebracht zu werden" – „um ihn zu gebrauchen" – „die man erstrebt" – „wie man sagt" – „wohin auch immer du dich wendest" – „um Ruhm zu ernten" – „damit du gebrauchst" – „die erstrebt werden" – „zur Freude" – „damit du gelobt wirst" – „wird offenbar glücklich" – „damit du dich freust"

Wie unterscheiden sich die deutschen Wiedergaben in den beiden Spalten?

Vokabeln:

absēns, ntis	abwesend
abesse, absum, āfuī	abwesend sein, fehlen
amīcitia, ae f (amīcus)	Freundschaft
apud b. Akk.	bei, nahe bei
aqua, ae f	Wasser
cēterī (ae, a)	die übrigen
crēber (bra, brum)	zahlreich, häufig
dēserere, uī, tum	im Stich lassen
dīvitiae, ārum f Pl.	Reichtum
efficere, iō, fēcī, fectum	bewirken, hervorbringen
frūctus, ūs m	Frucht; Ertrag, Nutzen
gaudēre, gāvīsus sum	sich freuen
īgnis, is m	Feuer, Brand
īnscrībere, scrīpsī, scrīptum	daraufschreiben, betiteln
interesse, sum, fuī	dazwischen sein, teilnehmen
interest	es ist ein Unterschied, es ist wichtig
nōn	nicht
nōs (Dat. u. Abl. nōbīs)	wir, uns
(nusquam	nirgends)
plērumque Adv.	meistens
plūrēs (ra), rium (Komp. v. multī viele)	mehr
plūrimī (ae, a) Superl.	die meisten, sehr viele
quō?	wohin?
quōquō	wohin auch immer
ut (b. Konj.)	damit, um zu . . .
(ut daß 64)	
ut (b. Ind.)	wie
vertere, vertī, versum	wenden, drehen
sē vertere	sich wenden
vix Adv.	kaum
voluptās, tātis f	Vergnügen, Lust

Wiedergabemöglichkeiten für lateinische Tempora und Modi

Im Gebrauch des Präsens stimmt das Deutsche mit dem Lateinischen weithin überein. Man kann es zum Hinweisen auf Gegenwärtiges verwenden:

ut nunc sē rēs habet	wie sich die Sache zur Zeit verhält

Dann kann man allgemeine Aussagen, bei denen es nicht auf einen besonderen Zeitbezug ankommt, im Präsens machen:

Ut magistrātibus lēgēs, ita populo praesunt magistrātūs. (Cicero, De legibus III 2)	Wie die Gesetze über die Beamten, so gebieten die Beamten über das Volk.

Schließlich kann das Präsens auch als Erzähltempus (Praesens historicum) gebraucht werden:

Mittuntur dē hīs rēbus ad Caesarem lēgātī. (BG VII 89, 3)	In dieser Angelegenheit werden Unterhändler zu Caesar geschickt.

Das eigentliche Erzähltempus ist aber im Lateinischen das Perfekt, im Deutschen das Präteritum:

Caesar lēgātōs Germānōrum, quod in Itāliam properābat, initiō proximae aestātis ad sē revertī iussit. Legiōnēs in eās cīvitātēs, quae propinquae hīs locīs erant, ubī bellum gesserat, in hiberna dēdūxit et ipse in Itāliam profectus est. (Nach Caesar BG II 35, 1/2)	Weil er schnell nach Italien aufbrechen wollte, befahl Caesar den Unterhändlern der Germanen, sich zu Beginn des nächsten Sommers wieder bei ihm zu melden. Er führte die Legionen in das Gebiet derjenigen Stämme, die in der Nähe der Gegend zu Hause waren, wo er Krieg geführt hatte, ins Winterlager und brach selbst zur Reise nach Italien auf.

Hier sind nicht nur die Perfektformen (iussit 3, dēdūxit 6, profectus est 7) im Deutschen mit dem Präteritum wiedergegeben worden, sondern auch die Imperfektformen (properābat 2, erant 5). Die Unterscheidung zwischen den Hauptereignissen und Haupthandlungen (L Perfekt) und dem Hintergrundgeschehen bzw. den Gegebenheiten des Schauplatzes (L Imperfekt) kann also im Deutschen nicht nachgeahmt werden. Wenn das schildernde oder beschreibende Imperfekt im Kontext der Erzählung das Bedeutungsmerkmal der versuchten Handlung (dē cōnātū) erhält, muß im Deutschen dafür eine entsprechende Umschreibung gefunden werden:

Britannī nostrōs intrā mūnitiōnes ingredī prohibēbant. At mīlitēs locum ceperunt. (Caesar BG V 9, 6/7)	Die Britannier versuchten, unsere Leute am Eindringen in die Befestigung zu hindern. Doch die Soldaten nahmen den Platz ein.

Diese Bedeutung der Imperfekt-Form wird durch den folgenden Satz zuwege gebracht. Er würde nämlich im Widerspruch zu dem vorhergehenden Satz stehen, wenn ‚prohibēbant' den Sinn hätte, den das deutsche Präteritum „sie hinderten" ausdrücken würde.

In dem weiter oben angeführten Textbeispiel gibt es neben den Perfekt- und Imperfektformen eine Plusquamperfektform (gesserat 5). Mit ihr wird in der Erzählung eine Handlung bezeichnet, welche zeitlich vor dem erzählten Geschehen liegt. Das entsprechende deutsche Tempus Plusquamperfekt wird aus dem Partizip Perfekt Passiv und den Präteritum-Formen von ‚haben' oder ‚sein' zusammengesetzt:

ubī bellum gesserat	wo er Krieg geführt hatte
ubī bellum gestum erat	wo Krieg geführt worden war

Wenn mit dem Perfekt im Lateinischen eine Tatsachenfeststellung formuliert wird (konstatierendes Perfekt), tritt auch im Deutschen das Perfekt ein. Es wird mit dem Partizip Perfekt Passiv und den Präsensformen der Hilfsverben ‚haben' oder ‚sein' gebildet:

In eīs studiīs nōs ā pueritiā vīximus. (Cicero, De fato 2)	Mit diesen Studien habe ich mein Leben seit der Kindheit verbracht.

Wenn auf Zukünftiges verwiesen werden soll, gebraucht das Lateinische immer das Futur I, während im Deutschen oft das Präsens gewählt wird, wenn ein Adverb den Zeitbezug deutlich macht:

Crās rūs proficīscēmur.	Morgen reisen wir aufs Land.

Wie das Präsens, so kann im Lateinischen das Futur I auch für allgemeine Aussagen verwendet werden, bei denen ein besonderer Zeitbezug keine Rolle spielt. Im Deutschen wird ein solches Futur I meist mit dem Präsens wiedergegeben:

Nātūram sī sequēmur ducem, numquam aberrābimus. (Cicero, De off. I 100)	Wenn man die Natur zum Führer nimmt, wird man nie fehlgehen.

Um in einem Gliedsatz, dessen übergeordnetes Verb im Futur I steht, die Vorzeitigkeit auszudrücken, steht im Lateinischen das Futur II zur Verfügung. In der deutschen Wiedergabe wird nur das Bedeutungsmerkmal ‚Gliedsatzhandlung vollendet', jedoch nicht der Zeitbezug ‚Zukunft' ausgedrückt, Deshalb steht dort im Gliedsatz der Indikativ Perfekt:

Simulatque cōgnōverō, quid senātus dēcrēverit, tibi scrībam.	Sobald ich erfahren habe, was der Senat beschlossen hat, will ich dir schreiben.

Übung 27:

Bestimme alle finiten Verbformen nach ihrem Tempus und gib an, in welcher Bedeutung sie jeweils gebraucht werden! Übersetze den Text!

Im Altertum galt die Tapferkeit der Spartaner als vorbildlich. Man erzählte sich viele Anekdoten darüber!

Trēcentī ōlim Lacedaemoniī in Thermopylīs occidērunt. Quid eōrum dux Leōnidās dīcit? „Cum hodiē pranderimus“, inquit, „vesperī apud īnferōs fortāsse cēnābimus.“ Fuit haec gēns fortis, dum Lycūrgī lēgēs valēbant. In colloquiō Persēs quīdam dīxerat glōriāns: „Sōlem prae tēlōrum multitiūdine nōn vidēbitis.“ Tum ūnus ē Lacedaemōniīs: „In umbrā igitur“, respondit, „pūgnābimus.“ Virōs tantum commemorāmus. Quālis tandem illa Lacaena exīstimārī dēbet, quae fīlium in proelium mīserat et eum interfectum audīvit? „Idcirco“, inquit, „genueram, ut esset, quī prō patriā mortem nōn dubitāret occumbere.“

(Nach Cicero, Tusc. disp. I 101/102)

Erläuterungen:

trēcentī (ae, a)	dreihundert
Lacedaemoniī, ōrum m Pl.	Lakedaemonier, Spartaner
Thermopylae, ārum f Pl.	Engpaß am Öta-Gebirge in Mittelgriechenland in der Nähe der Stadt Lamia. Hier kam Leonidas mit 300 Spartiaten im Jahr 480 vor Chr. bei dem Versuch ums Leben, dem Invasionsheer des Perserkönigs Xerxes den Weg nach Athen zu versperren.
Leōnidās, ae m	König von Sparta
prandēre, prandī, prānsum	frühstücken
(cēnāre	zu Abend essen)
Lycūrgus, ī m	sagenhafter Gesetzgeber der Spartaner (um 800 vor Chr.)
Persēs, ae m (Pl. Persae, ārum m)	der Perser
Lacaena, ae f	Lakonierin, Spartanerin
mortem occumbere	in den Tod gehen, sterben

Vokabeln:

colloquium, iī n	Unterredung, Gespräch
commemorāre, vī, tum (memoria 39)	erwähnen, berichten
dubitāre, vī, tum	1. zweifeln; 2. zögern

dum b. Ind. Präs.	während
b. Ind. aller Tempora	solange (bis)
b. Konj.	1. bis; 2. solange nur
fīlius, iī m	Sohn
fīlia, ae f	Tochter
fortāsse Adv.	vielleicht
gignere, genui, genitum	erzeugen, gebären, hervorbringen
glōriārī, glōrior (glōria 35)	sich rühmen
hodiē	heute
idcircō Adv.	darum, deshalb
in b. Akk.	nach (. . .hin), in (. . .hinein), gegen
b. Abl.	in, an, auf, bei
īnferī, ōrum m Pl.	die Götter (der Unterwelt)
occidere, cidī, cāsum (↔ occīdere 39)	untergehen
ōlim Adv.	einst, dereinst
patrius (a, um)	väterlich, heimisch
patria, ae f	Vaterland
prae b. Abl.	vor; im Vergleich zu
pūgnāre, vī, tum	kämpfen
quālis . . . tālis	wie (beschaffen) . . . so (beschaffen)
quis (quid)?	wer (was)?
tēlum, ī n	Angriffswaffe, Geschoß
umbra, ae f	Schatten
valēre, uī	gesund sein, stark sein; Einfluß haben, Macht haben; wert sein, gelten
vesper, erī m	Abend
vesperī Adv.	abends

Die Wiedergabe der beiden Modi Imperativ und Indikativ gibt im allgemeinen keine Probleme auf. Einige indikativische Ausdrücke, bei denen im Deutschen die Übersetzung mit Konjunktiv möglich ist, kann man als feste Wendungen lernen:

longum est	es wäre zu weitläufig
quis īgnōrat?	wer wüßte nicht?

In anderen Fällen entscheidet der Kontext:

Orgetorīgem damnātum poenam sequī oportēbat, ut īgnī cremaretur. (Caesar BG I 4,1)	Orgetorix hätte im Falle der Verurteilung die Strafe der Verbrennung treffen müssen.

Da sich Orgetorix, wie weiter berichtet wird, dem Strafverfahren entzog, traf ihn diese Strafe nicht.

Die wichtigste Frage für den Übersetzer lautet im Bereich der lateinischen Modi, wann im Deutschen für den Konjunktiv der Indikativ einzusetzen ist und wann er beibehalten werden muß.

Der Konjunktiv im Hauptsatz wird – abgesehen vom Irrealis, zu dessen Ausdruck auch im Deutschen der Konjunktiv dient – in der Regel mit Hilfe von Modalverben und/oder Signalwörtern umschrieben:

Lateinischer Modus	Beispiele	Übersetzung	Deutsche Entsprechung
Wunsch, Aufforderung (Konjunktiv: Optativ, Jussiv, Adhortativ, Prohibitiv)	Velim scrībās! Videant cōnsulēs! Eāmus! Nē id fēceris!	Schreib doch bitte! Die Konsuln sollen sich darum kümmern! Laßt uns gehen! Tu das doch nicht!	Imperativ, Umschreibung mit „sollen, mögen" oder „laßt uns", Indikativ mit Signalwörtern („doch")
Unerfüllbarer Wunsch oder Gedanke (Konj. Irrealis)	Utinam nē id dīxissēs! Sine tē dēspērāvissem.	Wenn du das doch nicht gesagt hättest! Ohne dich wäre ich verzweifelt.	Irrealer Konjunktiv, Signalwörter („wenn doch")
Möglichkeit (Konjunktiv Potentialis)	Dīxerit aliquis	Es könnte jemand sagen . . .; vielleicht sagt jemand . . .	Konj. von Modalverben („könnte, möchte"), Indikativ mit Signalwörtern („vielleicht")
Zweifelnde oder überlegende Frage (Konjunktiv Dubitativ oder Deliberativ)	Quid faciam? Hīc maneam aut domum redeam?	Was soll ich tun? Soll ich hierbleiben oder kann ich nach Hause zurückkehren?	Ind. von Modalverben („können, sollen")

Beim Konjunktiv im Nebensatz tritt der entsprechende deutsche Konjunktiv nur ein, wenn es sich um die beiden folgenden Fälle handelt:

1. Potentiale und irreale Satzgefüge:

Hier steht im Lateinischen wie im Deutschen sowohl Hauptsatz wie Gliedsatz im Konjunktiv, der das Mögliche oder bloß Hypothetische der Äußerung kennzeichnet:

Diēs dēficiat, sī omnia velim numerāre.	Der Tag würde vergehen, wenn ich alles aufzählen wollte.
Magis esset pudendum, sī in sententiā manērēs.	Du müßtest dich mehr schämen, wenn du bei deiner Meinung bliebest.

2. Innerliche Abhängigkeit:

Mit dem Begriff der ‚innerlichen Abhängigkeit' wird eine Beziehung zwischen Gliedsatz und übergeordnetem Satz bezeichnet, bei der im Gliedsatz die Gedanken oder Worte des übergeordneten Subjekts enthalten sind. Das ist bei Ergänzungssätzen wie dem abhängigen Begehrungssatz oder dem indirekten Fragesatz der Fall:

Videant cōnsulēs, nē quid dētrimentī capiat rēs pūblica.	Die Konsuln sollen dafür sorgen, daß der Staat keinen Schaden nehme.
Dubitābat, utram viam ingrederētur.	Er war unschlüssig, welchen Weg er einschlagen solle.

Auch bei Adverbialsätzen kann ein Verhältnis der ‚innerlichen Abhängigkeit' bestehen, z. B. bei einem Finalsatz:

Pompēius, nē circumclūderētur, ex eō locō discessit.	Pompeius verließ den Platz, damit er nicht eingeschlossen werde.

oder bei einem Kausalsatz:

Socratēs accūsātus est, quod iuvenēs corrumperet.	Sokrates wurde angeklagt, weil er die jungen Leute verderbe.

Das Deutsche wechselt sogleich in den Indikativ, wenn in der Gesprächssituation die 1. und 2. Person gebraucht wird und eine Kennzeichnung des Gliedsatzinhalts als Gedanke oder Äußerung des übergeordneten Subjekts überflüssig ist:

Optō, ut beātus sis.	Ich möchte, daß du glücklich bist.
Quaeris ā mē, quid prō tē facere possim.	Du fragst mich, was ich für dich tun kann.

Als grober Anhalt kann gelten, daß weitaus mehr lateinische als deutsche Nebensätze im Modus des Konjunktivs stehen.

Übung 28:

Bestimme alle finiten Verbformen nach ihrem Modus und gib an, in welcher Bedeutung er jeweils gebraucht wird! Übersetze den Text!

In der Rede, mit der Cicero für die Übergabe des Oberbefehls im Krieg gegen Mithradates an Cn. Pompeius eintritt (vgl. die Einführung zu Übung 8 S. 35), versucht er in der folgenden Argumentation, seinen Kandidaten als einzigen geeigneten Bewerber zu erweisen.

Utinam, Quirītēs, virōrum fortium et innocentium cōpiam tantam habērētis, ut haec vōbīs dēlīberātiō difficilis esset, quem potissimum tantīs rēbus ac tantō bellō praeficiendum putārētis.

Nunc vērō cum sit ūnus Cn. Pompēius, quī nōn modō eōrum hominum, quī nunc sunt, glōriam, sed etiam antīquitātis memoriam virtūte superāverit, quae rēs est, quae cuiusquam animum in hāc causā dubium facere possit? Nōnne hunc virum in illō bellō summam imperiī iam prīdem tenēre dēbuit? (Cicero, De imp. Cn. Pomp. 27)

Erläuterungen:

Quirītēs, tium (oder tum) m Pl.	römische Vollbürger, offizielle Anrede in Volksversammlungen
dēlīberātiō, ōnis f	Erwägung, Überlegung, Beratung
Cn. = Gnaeus	Vorname des Pompeius
antīquitās, tātis f (antīquus)	alte Zeit, Altertum; die Menschen des Altertums
iam prīdem Adv. (iam 15)	schon längst

Vokabeln:

antīquus (a, um)	alt, altertümlich
difficilis (e), is (↔ facilis)	schwierig
dubius (a, um) (dubitāre 87)	zweifelhaft, bedenklich
innocēns, ntis	unschuldig, rechtschaffen
nōn modō . . . sed etiam	nicht nur . . . sondern auch
nōnne	Fragepartikel doch wohl (Antwort ‚ja‘ erwartet)
nunc Adv.	jetzt, nun
praeficere, iō, fēcī, fectum	an die Spitze stellen, mit der Führung beauftragen
summa imperiī (Gen. summae imperiī)	Oberbefehl
utinam	wenn doch
vōs (Dat. u. Abl. vōbīs) (vgl. nōs 84)	euch

Das Übersetzen der lateinischen Verbalnomina

Die satzwertigen Konstruktionen, welche im Lateinischen mit Hilfe von Infinitiven, Partizipien und nd-Formen gebildet werden können, müssen im Deutschen in anderer Form wiedergegeben werden. Dabei hat der Übersetzer jeweils eine Entscheidung zwischen mehreren Wiedergabemöglichkeiten zu treffen.

1 Partizip und Gerundivum

Partizip und Gerundivum können in manchen Fällen durch entsprechende deutsche Verbaladjektive wiedergegeben werden:

Melior est certa pāx quam spērāta victōria.	Besser ist ein sicherer Friede als ein erhoffter Sieg.
rērum expetendārum fugiendārumque scientia (Cicero, De off. I 153)	das Wissen von den erstrebenswerten und den zu meidenden Dingen

Doch wird das Gemeinte deutlicher, wenn der Übersetzer einen deutschen Gliedsatz wählt:

spērāta victōria	ein Sieg, den man nur erhofft
rērum expetendārum fugiendārumque scientia	das Wisen darum, welche Dinge man erstreben und welche man meiden soll

Auch beim folgenden Beispiel wäre die ‚wörtliche‘ Übersetzung durchaus sprachlich korrekt:

Caesarī ex Hispāniā redeuntī cīves obviam iērunt.	Dem aus Spanien zurückkehrenden Caesar kamen die Bürger entgegen.

Doch entspricht der Satzwertigkeit der lateinischen Partizipkonstruktion eher ein Gliedsatz:

Caesarī ex Hispāniā redeuntī cīves obviam iērunt.	Als Caesar aus Spanien zurückkehrte, kamen ihm die Bürger entgegen.

Oft kann statt des Gliedsatzes auch ein präpositionaler Ausdruck im Deutschen gewählt werden:

Bei seiner Rückkehr aus Spanien kamen Caesar die Bürger entgegen.

Beim Partizip Futur Aktiv, zu dem das Deutsche keine Entsprechung besitzt, liegt die Wiedergabe durch Infinitiv mit ‚zu' nahe:

Alexander ōrāculum adiit dē orīgine suā cōnsultūrus.	Alexander suchte das Orakel auf, um es nach seiner Herkunft zu befragen.

Zwischen übergeordnetem und nominal eingebettetem Satz besteht eine doppelte Beziehung, nämlich ein Zeitverhältnis und eine Bedeutungsbeziehung. Drei Zeitverhältnisse werden unterschieden:

Gleichzeitigkeit	Die partizipial eingegliederte Handlung findet **gleichzeitig** mit der Handlung des übergeordneten Verbs statt.
Vorzeitigkeit	Die Handlung, die im Partizip zum Ausdruck kommt, findet **vor** der Hauptsatzhandlung statt.
Nachzeitigkeit	Die partizipial eingebettete Handlung ist von der Hauptsatzhandlung her gesehen Zukunft.

Jede Partizipform bezeichnet eines dieser Zeitverhältnisse. Dabei gilt folgende Zuordnung:

Gleichzeitigkeit	Part. Praes. Akt.
Vorzeitigkeit	Part. Perf. Pass.
Nachzeitigkeit	Part. Fut. Akt. und Gerundivum

Mit der Übersetzung:

cōnsultūrus	um es zu befragen

bringt der Übersetzer aber außer der Nachzeitigkeit auch eine Bedeutungsbeziehung zum Ausdruck, für die eine Entsprechung im lateinischen Text fehlt, nämlich das finale Verhältnis: Alexander besucht das Orakel mit der Absicht, es nach seiner Herkunft zu befragen. Einen solchen finalen Sinn kann man auch beim Gerundivum entdecken:

Senātus cōnsulibus urbem tuendam commīsit.	Der Senat vertraute den Konsuln den Schutz der Stadt an/trug den Konsuln auf, die Stadt zu schützen.

Bei dem folgenden Beispiel ergibt der Kontext eine Bedeutungsbeziehung konzessiver Art:

Caesar oppidum paucīs dēfendentibus expūgnāre nōn pōtuit.	Obwohl nur wenige sie verteidigten, konnte Caesar die Stadt nicht einnehmen.

Hier ist es eine Kausalbeziehung:

Cīvitātēs māgnīs affectae beneficiīs Pompēium dīligēbant.	Weil sie mit großen Wohltaten überhäuft wurden, liebten die Bürgergemeinden Pompeius.

Die Bedeutungsbeziehung, welche dem lateinischen Leser nur durch den Kontext signalisiert wird, muß vom deutschen Übersetzer explizit gemacht werden:

(1) Beiordnung	Caesar oppidum incolīs fortiter resistentibus expūgnāre nōn potuit.	Caesar konnte die Stadt nicht einnehmen. Denn die Einwohner leisteten tapfer Widerstand.
(2) Gliedsatz	Weil die Einwohner tapfer Widerstand leisteten, konnte Caesar die Stadt nicht einnehmen.	
(3) Verbalsubstantiv	Wegen des tapferen Widerstandes der Einwohner konnte Caesar die Stadt nicht einnehmen.	
(4) Infinitivkonstruktion	Gallī vēnērunt castra Rōmānōrum oppūgnātūrī.	Die Gallier kamen, um das römische Lager anzugreifen.

Wenn man für die Übersetzung einen nominalen Ausdruck wählt, kommt noch das Problem hinzu, daß sich die grammatischen Abhängigkeiten verändern. Partizip und Gerundivum sind Verbaladjektive, d. h. in Kasus, Numerus, Genus von ihrem Beziehungswort bestimmt. Werden sie nun durch ein Verbalsubstantiv ersetzt, so muß die Entsprechung für das lateinische Beziehungswort die Funktion eines Genitivattributs einnehmen:

Senātus cōnsulibus urbem tuendam commīsit.

Der Senat vertraute den Schutz der Stadt den Konsuln an.

Übung 29:

Übersetze den folgenden Text! Verwende dabei möglichst alle der oben besprochenen Wiedergabemöglichkeiten!

Numidicus Metellus populārī factiōne patriā pulsus in Asiam discessit. Ibī aliquandō lūdōs spectantī litterae ei in theātrō redditae sunt. Quibus in litterīs scrīptum erat maximō senātūs et populī cōnsēnsū reditum illī in urbem datum esse. Metellus autem animō commōtus laetitiam suam proximē sedentibus nōn patefēcit, sed gaudium intrā sē continuit. Nam ā dolōre aut gaudiō in medium prōferendō continenter abhorrēbat. Itaque theātrum pārī vultū relīquit ac anteā intrāverat lūdōs spectātūrus.

(Nach Valerius Maximus IV 1, 13)

Erläuterungen:

Q. Caecilius Metellus Numidicus, Konsul 109 vor Chr., führte siegreich Krieg gegen den Numiderkönig Jugurtha, gab dann das Kommando an Gaius Marius ab, den er als überzeugter Optimat ablehnte. Weil er sich weigerte, im Jahr 100 vor Chr. das Ackergesetz des Volkstribunen Apuleius Saturninus, das der Versorgung der Veteranen des Marius mit Land diente, zu beschwören, ging er ins Exil, aus dem er im Jahr 99 zurückgeholt wurde.

Vokabeln:

(ab)horrēre, uī	zurückschrecken vor
aliquandō Adv.	irgendwann, einmal
anteā Adv. (ante 78)	vorher
commovēre, mōvī, mōtum	bewegen, veranlassen, erregen
cōnsēnsus, ūs m	Übereinstimmung
continenter Adv. (continēre 20)	unaufhörlich, ständig
dolor, ōris m	Schmerz, Bedauern
factiō, ōnis f	Parteiung, politische Clique
gaudium, iī n	Freude
ibī Adv.	dort
intrāre, vī, tum	eintreten, betreten
laetitia, ae f	Freude, Fröhlichkeit
lūdus, ī m	Spiel, Schule; Pl. öffentliche Spiele, Schauspiele, Wettkämpfe
medius (a, um)	in der Mitte befindlich
pār, paris Adv. pariter (pār . . . ac	gleich, angemessen gleich . . .wie)
patefacere, iō, fēcī, factum; Pass. patefierī	öffnen, enthüllen
populāris (e), is	volkstümlich, volksfreundlich; Pl. Volkspartei
prōferre, tulī, lātus	hervorholen, vorzeigen, aussprechen
in medium prōferre	bekanntmachen, veröffentlichen
proximē Adv. (prope 56, proximus 31)	ganz nahe
reditus, ūs m (redīre 44)	Rückkehr
sed	aber, sondern
sedēre, sedī, sessum	sitzen
spectāre, vī, tum	betrachten, zuschauen
theātrum, ī n	griech. Wort: Theater
vultus, ūs m	Gesichtsausdruck, Miene

2 Infinitivkonstruktionen

Wenn der AcI im Deutschen durch eine Infinitivkonstruktion wiedergegeben wird, rückt der Subjektsakkusativ an die Stelle einer Ergänzung im übergeordneten Satz:

Caesar mīlitēs castra mūnīre iussit.	Caesar befahl den Soldaten, das Lager zu befestigen.
Mīlitēs captīvōs vincīre vetuit.	Den Soldaten verbot er, die Gefangenen zu fesseln.

Nur beim NcI läßt sich die Konstruktion zuweilen im Deutschen nachahmen, sofern man auch hier ein sowohl für den Infinitiv wie für das übergeordnete Verb geltendes Subjekt einsetzen kann:

Vidēminī nōn satis, quid dīcam, intellegere.	Ihr scheint nicht genug zu verstehen, was ich sage.

Bei einem Verb mit Dativ-Ergänzung ist diese Nachahmung nicht möglich:

Mīlitēs captīvōs vincīre vetītī sunt.	Den Soldaten wurde verboten, die Gefangenen zu fesseln.

Meist wird eine lateinische Infinitivkonstruktion im Deutschen durch einen Gliedsatz mit „daß" wiedergegeben. Dabei muß je nach der Bedeutung des übergeordneten Ausdrucks zwischen Indikativ und Konjunktiv entschieden werden. Bei Ausdrücken der Wahrnehmung sowie bei unpersönlichen Ausdrücken ist der Indikativ angebracht:

Is cum animum advertisset, perpetuam esse palūdem . . . (Caesar BG VII 57, 4)	Als dieser bemerkt hatte, daß die Gegend aus einem endlosen Sumpfgebiet bestand . . .
Ōrātōrem īrāscī minimē decet, simulāre nōn dēdecet. (Cicero, Tusc. disp. IV 55)	Es gehört sich keineswegs, daß der Redner sich vom Zorn hinreißen läßt, doch ist es nicht unschicklich, wenn er den Leuten etwas vormacht.

Auch bei einem Verbum der Gemütsstimmung kann der im AcI ausgedrückte Gefühlsinhalt mit einem deutschen ‚daß'-Satz im Indikativ übersetzt werden:

Mārcus gaudet litterās sē ab amīcō accēpisse.	Marcus freut sich darüber, daß er von seinem Freund einen Brief erhalten hat.

Bei Ausdrücken der Wahrnehmung kann der Übersetzer auch den Konjunktiv wählen, wenn er den Inhalt des AcI als Auffassung des übergeordneten Subjekts kennzeichnen will:

Caesar, ubī sē diūtius dūcī intellēxit, graviter eōs accūsat. (Caesar BG I 16, 5)	Als Caesar merkte, daß er länger hingehalten werde, fuhr er sie hart an.

Wenn der AcI von Verben der sprachlichen Äußerung (verba dicendi) oder Ausdrücken des Wünschens und Begehrens (verba voluntatis) abhängig ist, entspricht der Konjunktiv im deutschen Gliedsatz den Regeln der indirekten Rede. Hier kann im Deutschen auch der Gliedsatz ohne Einleitungswort verwendet werden:

Caesar pollicitus est sibi eam rem cūrae futūram esse. (BG I 33, 1)	Caesar versprach, er werde sich um diese Sache kümmern.
Caesar T. Labiēnum iugum montis ascendere iubet. (Caesar BG I 21, 2)	Caesar erteilte Titus Labienus den Befehl, er solle die Spitze des Berges besteigen.

Indikativ oder Konjunktiv bei der Wiedergabe des AcI?	
Übergeordneter Ausdruck	Modus im deutschen Gliedsatz
1. Unpersönliche Ausdrücke	Indikativ
2. Ausdrücke der Gemütsstimmung (verba affectus)	Indikativ
3. Ausdrücke der Wahrnehmung	Indikativ bei objektiv feststellbarem Sachverhalt oder Konjunktiv, wenn der Inhalt des AcI als persönliche Einschätzung der Lage durch das übergeordnete Subjekt verstanden wird
4. Ausdrücke des Wünschens und Begehrens (verba voluntatis)	Konjunktiv (außer ‚daß'-Satz auch Gliedsatz ohne Einleitungswort)
5. Ausdrücke der sprachlichen Äußerung (verba dicendi)	Konjunktiv (außer ‚daß'-Satz auch Gliedsatz ohne Einleitungswort)

Schließlich ist auch hier wieder in vielen Fällen die Übersetzung durch ein deutsches Verbalsubstantiv möglich:

Nōlumus tē abīre.	Wir wollen deinen Weggang nicht.
Germānī vīnum ad sē importārī nōn patiebantur.	Die Germanen duldeten die Einfuhr von Wein nicht.

Für die Übersetzung des NcI bei den häufigen Verben:

fertur, dīcitur, ferunt	man sagt, überliefert, erzählt
vidērī, vīsus sum	scheinen

wird empfohlen, im ersten Fall die Infinitiv-Konstruktion beizubehalten und das Modalverb ‚sollen' im Sinne von „man nimmt an, daß . . ." zu benutzen und im zweiten Fall den NcI mit Hilfe des Adverbs „anscheinend" aufzulösen:

Rōmulus et Rēmus ā lupā nūtrītī esse feruntur.	Romulus und Remus sollen von einer Wölfin gesäugt worden sein.
Vidēminī nōn satis, quid dīcam, intellēxisse.	Ihr habt anscheinend nicht genug verstanden, was ich sage.

Übung 30:

Übersetze den folgenden Text unter Verwendung der oben besprochenen Wiedergabemöglichkeiten! Begründe die Wahl des Modus bei der Übersetzung einer Infinitivkonstruktion durch einen Gliedsatz!

Im Zuge der Niederwerfung des Gallieraufstandes unter Vercingetorix 52 vor Chr. liegt Caesar vor der Festung Gergovia in der Auvergne (südöstlich des heutigen Clermont-Ferrand), dem Hauptort der Arverner. Er meint, daß sich ihm eine Möglichkeit biete, den Widerstand zu brechen.

Caesarī accidere vīsa est facultās bene gerendae reī. Nam animadvertit collem, quī ab hostibus tenēbātur, nūdātum esse ab hominibus. Is collis superiōribus diēbus vix prae multitūdine cernī poterat. Caesar admīrātus causam quaerit ex perfugīs, quōrum māgnus ad eum cottīdiē numerus venīre solēbat. Cōnstābat inter omnēs tergum eius collis esse prope aequum et māgnam silvam ā colle ūsque ad oppidum pertinēre. Gallōs autem huic locō timēre nec iam aliter sentīre, quīn colle ā Rōmānīs occupātō omnī exitū interclūsī vidērentur. Ad hunc mūniendum locum Vercingetorīx tunc omnēs incolās ēvocāvisse dīcitur.

(Nach Caesar BG VII 44)

Erläuterungen:

accidere	hier = sich bieten
nec iam aliter . . . quīn	„glaubten nichts anderes, als daß . . ."

Vokabeln:

accidere, accidit	sich ereignen, geschehen
admīrārī, tus sum	sich (über etw.) wundern, (etw.) bewundern

aliter Adv. (alius 31)	anders
animadvertere, vertī, versum	achtgeben, bemerken
cernere, crēvī	sehen, wahrnehmen, erkennen
collis, is m	Hügel
cōnstāre, stitī	fest stehen, bestehen aus; kosten
cottīdiē Adv.	täglich
ēvocāre, vī, tum (vōx 44)	herausrufen, vorladen
exitus, ūs (exīre 73)	Ausgang, Ergebnis
incola, ae m	Einwohner
interclūdere, clūsī, clūsum	absperren, abschneiden
mūnīre, vī, tum	bauen, befestigen
nec (neque 62)	und nicht, auch nicht
nec iam	und nicht mehr
nōn iam	nicht mehr
nūdāre, vī, tum (nūdus 51)	entblößen, unbesetzt lassen, berauben
occupāre, vī, tum	einnehmen, besetzen
perfuga, ae m (fuga 80)	Überläufer
quaerere, quaesīvī, quaesītum	suchen, fragen
quīn Konjunktion m. Konj.	daß
superior (ius), ōris	weiter oben, höherer; (zeitlich) voriger
tergum, ī n	Rücken
timere, uī	(sich) fürchten, Angst haben (Dat.: für, um etw.)
tunc Adv.	damals, zu diesem Zeitpunkt
ūsque Adv.	ohne Unterbrechung

3 Gerundium und Supinum

Wenn eine nd-Form im Singular nicht durch Übereinstimmung von Kasus, Numerus und Genus (Kongruenz) auf ein Beziehungswort verweist, wie es in diesem Satz der Fall ist:

Caesar pontem in flūmine faciendum curāvit.	Caesar ließ eine Brücke über den Fluß schlagen.

so kann vermutet werden, daß nicht eine Form des Gerundivums (Verbaladjektivs auf us, a, um) vorliegt, sondern eine Form des Gerundiums, d. h. des deklinierten Infinitivs:

Dialectica est ars vēra ac falsa dīiūdicandī.	Die Dialektik ist die Kunst, wahr und falsch auseinanderzuhalten.

Man könnte im Deutschen für die Wiedergabe ebenfalls eine deklinierte Form des Infinitivs verwenden:

„Die Dialektik ist die Kunst des Auseinanderhaltens von wahr und falsch."

Neben dem Genitiv ist der Ablativ des Gerundiums gebräuchlich:

Iniūrias ferendō māiōrem laudem merēberis quam ulcīscendō.	Durch das Ertragen von Unrecht wirst du dir größeren Ruhm gewinnen als durch Rache.

Hier steht neben der nachahmenden Wiedergabe mit dem deklinierten Infinitiv („durch das Ertragen") die Übersetzung des Gerundiums mit Hilfe eines Substantivs („durch Rache"). Doch wäre auch ein Gliedsatz möglich:

„. . . größeren Ruhm gewinnen, als wenn du Rache übst."

Häufig findet sich das Gerundium in präpositionalen Ausdrücken:

Breve vītae tempus satis est ad bene beātēque vīvendum.	Eine kurze Lebensspanne reicht aus für eine gute und glückliche Lebensführung.
Prūdentia ex prōvidendō est appellāta.	Die Klugheit hat ihren Namen vom vorsichtigen Handeln her.

Im lateinischen Sprachgebrauch berühren sich Ausdrücke mit Gerundium und Gerundivum eng. Da im Deutschen in beiden Fällen Verbalsubstantive eine naheliegende Wiedergabemöglichkeit darstellen, erscheint die Verbindung zwischen dem Verbaladjektiv Gerundivum und dem Verbalsubstantiv Gerundium für den deutschen Übersetzer noch enger, als sie im Lateinischen ist:

Germānī adventū nostrō perterriti neque cōnsiliī habendī neque arma capiendi spatiō datō perturbantur. (Caesar BG IV 14, 2)	Die Germanen waren über unser Erscheinen entsetzt und gerieten, da weder zum Abhalten einer Besprechung noch zum Ergreifen der Waffen Zeit blieb, in Verwirrung.

Das Supinum, ebenfalls ein lateinisches Verbalsubstantiv, kommt in zwei Formen vor. Auch hier fehlt die Kongruenz zu einem Beziehungswort. Die mit dem Supinum auf -um bezeichnete Handlung gibt Ziel und Zweck der übergeordneten Handlung an und kann daher im Deutschen mit dem Infinitiv mit „um . . . zu" wiedergegeben werden:

Helvētiī lēgātōs ad Caesarem mittunt pācem petītum.	Die Helvetier schickten Gesandte zu Caesar, um Frieden zu erbitten.

Auch das seltene Supinum auf -u läßt sich mit einem deutschen Infinitiv mit „zu" wiedergeben:

Quid est tam iūcundum audītū quam sapientibus sententiīs ōrnāta ōrātiō? (Cicero, De orat. I 31)	Was ist so angenehm zu hören wie eine mit klugen Gedanken ausgestattete Rede?

Übung 31:

<u>Übersetze</u> den folgenden Text unter Verwendung der oben besprochenen <u>Wiedergabemöglichkeiten</u> für Gerundium und Supinum!

Als Caesar im Jahre 58 vor Chr. die Verwaltung der ihm übertragenen gallischen Provinzen antrat, herrschte Unruhe unter den keltischen Stämmen. Sie ging von den Helvetiern aus, die auf ihrem Weg nach neuen Siedlungsgebieten durch die römische Provinz marschieren wollten. Die Politik, die dahinter stand, stellte sich für Caesar folgendermaßen dar:

Helvētiī hominēs bellandī cupidī erant. Prō glōriā fortitūdinis angustōs sē fīnēs habēre arbitrābantur. Itaque cōnstituērunt dē fīnibus suīs exīre et ea, quae ad proficīscendum pertinērent, comparāre. Lēgātōs ad proximās cīvitātēs mīsērunt pācem et amīcitiam cōnfirmātum. Ad eās rēs cōnficiendās Orgetorīx dēligitur. Is ad cīvitātēs missus sēcrētō Haeduōrum prīncipibus et Sēquanōrum persuādet, ut in suā cīvitāte rēgnum occupārent. Habērent ante oculōs Helvētiōs, Haeduōs, Sēquanōs trēs potentissimōs populōs esse. Itaque perfacile esse rēgnum occupandō sēsē tōtīus Galliae potīrī. (Nach Caesar BG I 3 und 4)

Vokabeln:

bellāre, vī, tum (bellum)	Krieg führen
comparāre, vī, tum	vorbereiten; beschaffen, erwerben
cōnficere, iō, fēcī, fectum	fertigmachen, vollenden
cupidus (a, um)	begierig
et	und, auch
oculus, ī m	Auge
potēns, ntis (potīrī 73)	mächtig, fähig
rēgnum, ī n	Königsherrschaft, Königreich
sēcrētō Adv.	geheim, unter vier Augen
trēs (tria), trium	drei

Das Satzgefüge

Die beiden wichtigsten Fragen beim Übersetzen von lateinischen Satzgefügen beziehen sich auf die Entscheidung, ob im Deutschen der Gliedsatz in den Indikativ oder Konjunktiv zu setzen ist und wann für den Gliedsatz eine Infintivkonstruktion eintreten kann.

1 Ergänzungssätze

Die abhängigen Begehrungs- und Fragesätze stehen im Lateinischen stets im Konjunktiv. Beim Fragesatz ist im Deutschen auch der Indikativ möglich:

Incertum est, quae Rōmae āctae essent.	Es war ungewiß, was sich in Rom getan hatte.
Quaeritur in eā quaestiōne, sintne deī necne sint.	In dieser Untersuchung wird danach gefragt, ob es Götter gibt oder nicht.

Während hier im Gliedsatz die Frage unabhängig davon, wer sie stellt, formuliert wird, kann sie ein andermal als Äußerung des übergeordneten Subjekts gemeint sein. Dann muß im Deutschen der Konjunktiv gewählt werden:

Quaeris ā mē, quid prō frātre meō facere possim. (Cicero, Pro Cn. Plancio 69)	Du fragst mich, was ich für meinen Bruder tun könne.

Das Kriterium für die Wahl des Konjunktivs besteht also in der Frage, inwieweit der Gliedsatzinhalt Gedanke oder Äußerung des übergeordneten Subjekts ist (‚innerliche Abhängigkeit'). Das ist immer im abhängigen Begehrungssatz der Fall:

Pater fīlium monuit, nē quid incōnsīderātē ageret.	Der Vater ermahnt den Sohn, daß er nichts unüberlegt tun solle.

Bei dieser Art von Nebensätzen bietet sich als Alternative im Deutschen die Infinitivkonstruktion an:

Der Vater warnte den Sohn, etwas ohne Überlegung zu tun.

Auch bei den Ergänzungssätzen ist eine substantivische Wiedergabe möglich:

Nesciō, quid respondeam.	Ich weiß keine Antwort.

Pater ā fīliō petīvit, ut mātūrus redīret.	Der Vater bat den Sohn um zeitige Rückkehr.

Bei den Ausdrücken des Fürchtens (verba timendi) muß man die Übersetzung der Einleitungswörter beachten:

Cīvēs timēbant, nē famēs in urbe esset.	Die Bürger (wünschten, daß es nicht Hunger gebe) befürchteten (aber), daß es Hunger in der Stadt geben würde.
Omnēs labōrēs tē suscipere videō. Timeō, ut sustineās.	Ich sehe, daß du alle Mühen auf dich nimmst. Ich (wünsche, daß du sie aushältst) fürchte (aber), daß du sie nicht aushältst.

Übung 32:

Übersetze den Text und entscheide, welcher Modus im deutschen Gliedsatz gesetzt werden muß, wo eine Wiedergabe mit Infinitiv und wo eine substantivische Übersetzung möglich ist!

Cum Pompēius aedem Victōriae dēdicātūrus esset nōmenque eius et honōrēs scrīberentur, quaesītum est, utrum ‚cōnsul tertiō' īnscrībendum esset an ‚tertium'. Eam rem Pompēius rettulit ad doctissimōs cīvitātis. Quī cum dissentīrent et pars, ut ‚tertiō', aliī, ut ‚tertium' scrībērētur, cēnsērent, rogāvit Cicerōnem Pompēius, ut, quod ei rēctius vidērētur, īnscrībendum cūrāret. Tum Cicerō veritus est, nē eōs virōs, ā quibus dissentīret, laederet. Itaque Pompēiō persuāsit, ut neque ‚tertium' neque ‚tertiō' scrīberētur, sed ūsque ad secundum ‚t' fierent litterae. Verbō enim nōn perscrīptō dīiūdicārī nōn poterat, cuius partēs Cicerō secūtus esset. Nēmō tamen īgnōrābat, quid illa īnscrīptiō sīgnificāret.

(Nach Aulus Gellius X 1, 7)

Erläuterung:

Bei der Weihe eines Tempels (dēdicātiō) wurde eine Tafel mit Namen und Ämterlaufbahn des Stifters angebracht. Als er zum dritten Mal Konsul war (55 vor Chr.), hatte Pompeius den Bau eines Theaters mit einem Tempel der Siegesgöttin Venus (Venus Victrīx) beendet.

Vokabeln:

cūrāre, vī, tum	sorgen, besorgen, pflegen
dissentīre, sēnsī, sēnsum (↔ cōnsēnsus 95)	nicht übereinstimmen, verschiedener Meinung sein

doctus (a, um)	gelehrt, gebildet
īgnōrāre, vī, tum	nicht wissen, nicht kennen
nōn īgnōrāre	ganz genau wissen
īnscrīptiō f (īnscrībere 84)	Inschrift
iūdicāre, vī, tum	urteilen, beurteilen
(dīiūdicāre	entscheiden, unterscheiden)
nēmō; Dat. nēminī	niemand
perscrībere, scrīpsī, scrīptum	genau, ausführlich niederschreiben
rēctus (a, um)	richtig, recht
referre, referō, rettulī, relātum	bringen, berichten
secundus (a, um)	der zweite; günstig, glücklich
sequī, secūtus sum	folgen, sich anschließen
sīgnificāre, vī, tum	bezeichnen, bedeuten
tertius (a, um)	der dritte

2 Adverbialsätze

Im Unterschied zum Deutschen, das für jede Bedeutungsbeziehung zwischen über- und untergeordnetem Satz ein besonderes Einleitungswort hat (z. B. „weil" für die kausale, „damit" für die finale, „obwohl" für die konzessive Beziehung), gebraucht das Lateinische bestimmte Einleitungswörter in einer Vielzahl von Bedeutungen. Vor allem ‚cum' und ‚ut' sind da zu nennen. Der Übersetzer ist hier gezwungen, die Bedeutungsbeziehung zwischen Haupt- und Nebensatz aus ihrem Inhalt festzustellen. Erst dann kann er das mehrdeutige lateinische Einleitungswort durch das treffende eindeutige deutsche Einleitungswort ersetzen, also etwa für ut temporale „sobald", für ut concessivum „obwohl", für ut finale „damit" usw. einsetzen. Bei den Sätzen mit ‚ut', die im Indikativ stehen, kann man oft bei der Übersetzung die vergleichende Bedeutung beibehalten:

Komparativsatz: (Vergleich)	ut ex captīvō audīerant (BG VI 37, 9)	wie sie von einem Gefangenen gehört hatten
Kausalsatz: (Begründung)	Hōrum auctōritāte fīnitimī adductī sunt, ut sunt Gallōrum subita et repentīna cōnsilia. (Caesar BG III 8, 3)	Durch deren Ansehen ließen sich die Nachbarn verführen, wie ja überhaupt (= da ja) die Entschlüsse der Gallier sehr plötzlich fallen.
Temporalsatz: (Zeitangabe)	Quae nostri ut vīdērunt, ācrius incitātī sunt. (BG VIII 35, 5)	Sowie unsere Leute das sahen, wurden sie noch mehr angespornt.

Bei den konjunktivischen ‚ut'-Sätzen treten im Deutschen unterschiedliche Einleitewörter ein. Oft gibt es im übergeordneten Satz Wörter, die als ‚Sinnweiser' auf die Bedeutungsbeziehung zwischen Haupt- und Nebensatz hindeuten:

Konzessivsatz: (Einräumung)	Ut dēsint vīrēs, tamen est laudanda voluntās. (Ovid, Ex Ponto III 4, 79)	Wenn auch die Kräfte fehlen, so ist dennoch der gute Wille zu loben.
Konsekutivsatz: (Folge)	Tanta vīs probitātis est, ut eam in hoste etiam dīligāmus. (Cicero, Laelius 29)	So groß ist die Kraft der Rechtschaffenheit, daß wir sie sogar beim Feinde lieben.
Finalsatz: (Absicht)	Lēgum idcircō omnēs servī sumus, ut līberi esse possimus. (Cicero, Pro Cluent. 146)	Wir sind deswegen alle Diener der Gesetze, damit wir freie Menschen sein können.

Alle Beispiele zeigen im Deutschen den Indikativ. Nur beim Finalsatz kann auch eine Infinitiv-Konstruktion eintreten:

Edere oportet, ut vīvās, nōn vīvere, ut edās. — Man muß essen, um zu leben, nicht leben, um zu essen.

Die Sätze mit ‚cum' stehen im Indikativ, wenn sie lediglich eine Zeitangabe enthalten, im Konjunktiv aber, wenn eine zusätzliche Bedeutungsbeziehung vorliegt, d. h. Haupt- und Nebensatzhandlung ohne einander nicht gut vorstellbar sind. Deshalb ist der konjunktivische ‚cum'-Satz vor allem in Erzählungen zu finden:

Cum in Italiam proficīscerētur Caesar, Ser. Galbam cum legiōne in Nantuātēs mīsit.
(BG III 1, 1)

Als Caesar nach Italien aufbrach, schickte er Servius Galba mit einer Legion in das Gebiet der Nantuater.

Hier läßt sich die Bedeutungsbeziehung zwischen Haupt- und Nebensatz auch kausal auffassen. Denn Caesars Maßnahme ist sicher durch die Abreise nach Italien begründet, die ihn zwingt, für die Zeit seiner Abwesenheit von der Provinz vorzusorgen.

Haupt- und Nebensatzhandlung können einander auch widersprechen (cum adversativum):

Ā Caesare nēmō ad Pompēium trānsiit, cum paene cottīdiē ā Pompēiō mīlitēs ad Caesarem trānsfugerent. — Von Caesar lief niemand zu Pompeius über, während fast täglich Soldaten von Pompeius zu Caesar übergingen.

Im Gliedsatz kann auch ein Gegengrund angeführt werden, der eingeräumt wird (cum concessivum), jedoch nicht ausreicht, um die Hauptsatzhandlung zu verhindern (Konzessivsatz):

Socratēs cum facile posset ēdūcī ē cūstōdiā, nōluit.
(Cicero, Tusc. disp. I 71)

Obwohl Sokrates leicht aus dem Gefängnis herausgebracht werden konnte, wollte er es nicht.

Wegen der Vieldeutigkeit der lateinischen Einleitewörter muß der Übersetzer die Bedeutungsbeziehung zwischen Haupt- und Nebensatz aus dem Inhalt des Satzgefüges ermitteln, um das treffende deutsche Einleitewort zu wählen:

Bedeutung des Gliedsatzes	cum	ut	Deutsche Einleitungswörter, die in Frage kommen
Temporal (Zeit)	X	X	als, wenn, immer wenn, sobald, nachdem u. a.
Kausal (Grund)	X	X	da, da ja, weil
Konzessiv (Gegengrund)	X	X	obwohl, obgleich, wenn auch
Adversativ (Gegensatz)	X		während (andererseits)
Komparativ (Vergleich)		X	wie
Konsekutiv (Folge)		X	(so) daß
Final (Zweck)		X	damit, um . . . zu + Infinitiv

Übung 33:

Übersetze den folgenden Text und beantworte dabei die Fragen am Ende der Übung!

In diesem Text beschreibt Cicero, wie er vorgeht, um sich als Anwalt ein Bild von dem Fall zu machen und sich auf diejenigen Punkte zu konzentrieren, mit denen er vor Gericht Erfolg haben könnte:

Equidem soleō dare operam, ut dē suā quisque rē mē ipse doceat. Etiam id agō, nē quis alius adsit, ut cliēns līberē loquī possit. Tum agere adversāriī causam studeō, ut ille agat suam et, quicquid dē suā rē cōgitāverit, in medium prōferat. Itaque, cum ille discessit, trēs persōnās ūnus sustineō summā animī aequītāte, meam, adversāriī, iūdicis. Sī locus mihi videātur tālis, ut plūs habeat adiūmentī quam incommodī, hunc memoriae trādō. Sīn autem plūs malī quam bonī in aliquō argumentō reperiam, id tōtum ēiciō. Ita assequor, ut aliō tempore cōgitem, quid dīcam, et aliō dīcam. Ut utrumque simul plērīque faciant, cum suō ingeniō nimis cōnfīdant, egō tamen aliud mihi tempus ad cōgitandum, aliud ad dīcendum sūmō. Cum rem causamque cōgnōvī, statim occurrit animō, quae sit rēs maximī mōmentī.

(Nach Cicero, De oratore II 102–104)

Fragen:

1. *Welche Bedeutung haben jeweils ,cum', ,ut' und ,nē'? Wie unterscheiden sich ,cum' = „wenn" und ,sī' = „wenn"?*
2. *Welches Einleitewort und welcher Modus sind im deutschen Gliedsatz jeweils angebracht?*
3. *Wo kommen ,Sinnweiser' vor, die auf die Art des Nebensatzes hindeuten?*

Erläuterungen:

quisque . . . ipse	gemeint sind die Klienten des Anwalts
dare operam, id agere und studēre:	sich bemühen, etwas zu tun
causa	Rolle vor Gericht
in medium prōferre	bekannt machen, äußern (vgl. Übung 29 S. 95)
locus, ī m	Stelle, Gedanke, Punkt, Argument

Vokabeln:

adiuvāre, iūvī, iūtum	unterstützen, helfen
adiūmentum, ī n	Hilfe
adversārius, iī m (adversus 80)	Gegner (vor Gericht)
aequitās, tātis f (aequus 20)	Gleichheit, Angemessenheit, Gerechtigkeit
aequitās animī	Gleichmut, Gelassenheit
aliquī (-qua, -quod)	irgendein (-eine, -ein)
argumentum, i n	Inhalt, Beweis(grund)
cliēns, ntis, m	Schutzbefohlener, Klient, Mandant
cōgitāre, vī, tum	denken, beabsichtigen
cōnfīdere, fīsus sum	vertrauen
docēre, uī, doctum	lehren, unterrichten
ēicere, iō, iēcī, iectum	hinauswerfen, verbannen
etiam	auch, noch, sogar
incommodum, ī n	Nachteil, Niederlage
ingenium, iī n	Begabung, Anlage
ipse (ipsa, ipsum)	selbst

līber (era, erum) Adv. līberē	frei
loquī, locūtus sum	sprechen, reden
mōmentum, ī n	1. Beweggrund; 2. Einfluß, Bedeutung
nimis Adv.	zu sehr
occurrere, currī, cursum	entgegentreten, begegnen
persōna, ae f	(etruskisches Wort) Maske, Rolle, Person
plērīque (plēraeque, plēraque) (plērumque 84)	die meisten
plūs	mehr
quis (quid) = aliquis (aliquid)	irgendwer (irgendwas)
quisque (quaeque, quidque oder quodque)	jeder (jede, jedes)
quisquis (quicquid)	wer auch immer (was auch immer)
reperīre, repperī, repertum	wiedergewinnen, finden
simul Adv.	gleichzeitig, zugleich
sīn autem, (sī 62)	falls aber, wenn aber
sūmere, sūmpsī, sūmptum	nehmen, an sich nehmen

3 Relativsätze

Oft fehlt im übergeordneten Satz ein Beziehungswort für das Relativpronomen. Es läßt sich meist ohne Mühe ergänzen:

Mercātōribus est aditus, ut, quae bellō cēperint, quibus vēndant, habeant. (Caesar BG IV 2, 1)	Kaufleute haben Zugang, damit sie Leute haben, denen sie die Dinge verkaufen können, die sie im Krieg erbeutet haben.

Ist das Beziehungswort in den Relativsatz hineingezogen, so ist es für den Übersetzer nicht schwer, es im Deutschen in den übergeordneten Satz zu bringen:

Habeō, quās ad eundem litterās mīsistī. (Cicero, Verres sec. I 78)	Ich habe Briefe, die du an eben diesen Mann geschickt hast.

Übersetzungsprobleme gibt es erst dort, wo das Relativpronomen in typisch lateinischen Konstruktionen erscheint, z. B. im Ablativ des Vergleichs (Abl. comparationis):

Patriam, quā nihil potest esse iūcundius, nōbīs reddidistis.
(Cicero, Post reditum ad Quirites 1)

Du hast uns das Vaterland – es kann nichts Schöneres geben als das – zurückgegeben.

Die Formulierung als Parenthese ist die einfachste Lösung.

Wenn das Relativpronomen Subjektsakkusativ in einem AcI ist, kann man im Deutschen zwischen einem Relativsatz und einem Gliedsatz mit „daß“ wählen:

Cicerōnem admīrāmur, quem maximum ōrātōrem fuisse cōnstat.

1. Wir bewundern Ciero, der bekanntlich ein sehr bedeutender Redner war.
2. Wir bewundern Cicero. Daß er ein sehr bedeutender Redner war, steht fest.

Mit der zweiten Version haben wir den ‚relativischen Anschluß‘, den das Deutsche nicht kennt, durch ein Personalpronomen („er“) ersetzt. Die Ersetzung des Relativpronomens durch eine andere Pronomenart ist auch bei der ‚relativischen Verschränkung‘ die einfachste Methode:

Māgna est vīs cōnscientiae, quam quī neglegunt, sē ipsī iūdicābunt.
(Cicero, In L. Cat. III 27)

Groß ist die Macht des Gewissens. Wer <u>dieses</u> vernachlässigt, wird sich selbst richten.

Will man alles in einen Satz fassen, dann muß eine finite Verbform aufgelöst und nominal eingegliedert werden, wie es oben mit ‚constat‘ geschehen ist („bekanntlich“). Hier ein anderes Beispiel:

Omnia perfēcit, quae senātus, nē fierī possent, <u>prōvīderat</u>.
(Cicero, Phil. II 55)

Alles hat er ausgeführt, was der Senat <u>durch seine Vorsorge</u> unmöglich machen wollte.

Einfacher ist aber die Unterteilung in zwei Sätze.

Übung 34:

Übersetze den Text und unterscheide Relativsätze und indirekte Fragesätze!

Auf Bitten der geschädigten Einwohner Siziliens führte Cicero die Anklage gegen Verres, der als Gouverneur der Provinz von 73–71 vor Chr. das Land ausgebeutet hat und dabei zahlreiche Rechtsbrüche und Übergriffe, auch auf römische Bürger, beging. Zu Beginn seiner Rede sagt Cicero:

Nunc mihi temporis eius, quod mihi ad dīcendum datur, quoniam in animō est causam omnem expōnere, habenda ratiō est dīligenter. Itaque prīmum illum āctum istīus vītae, quā nihil turpius esse potest, praetermittam. Nihil ā mē dē pueritiae suae flāgitiīs audiet, nihil ex illā impūrā adulēscentiā suā, quae quālis fuerit, aut meministis aut ex eō, quem suī simillimum prōdūxit, cōgnōscere potestis. Omnia praeterībō, quae mihi turpia dictū vidēbuntur, neque sōlum, quid istum audīre, vērum etiam, quid mē deceat dīcere, cōnsīderābō.

(Nach Cicero, Verres sec. I 32)

Vokabeln:

(āctus, ūs m [agere]	Abschnitt, Aufzug, Akt)
adulēscentia, ae f	Jugend
decet, uit	es gehört sich
dīligēns, entis (dīligere 23)	sorgfältig, gewissenhaft
expōnere, posuī, positum	auseinandersetzen, darlegen
flāgitium, iī n	Schandtat, Niederträchtigkeit
iste (ista, istud)	dieser da
nihil oder nīl	nichts
nōn sōlum . . . vērum etiam (vgl. nōn modō . . . sed etiam 91)	nicht nur . . . sondern auch
praeterīre, eō, iī, itum	vorübergehen, (jmdn./etw.) übergehen
praetermittere, mīsī, missum	vorbeigehen lassen, übergehen
prīmus (a, um)	der erste
prōdūcere, dūxī, ductum	vorführen, vorwärts führen; hervorbringen
pueritia, ae f	Kindheit
pūrus (a, um)	1. rein; 2. ehrlich
(↔ impūrus, a, um	unrein, lasterhaft)
ratiōnem habēre m. Gen.	etwas berücksichtigen
similis (e), is	ähnlich
suī (Gen. d. Reflexivpronomens; Dat. sibi 39, Akk./Abl. sē 54)	seiner, ihrer

4 Erläuterungs- oder Explikativsätze

Zahlreiche Nebensätze haben die Aufgabe, den Hauptsatz bzw. einen seiner Teile zu erläutern (zu ‚explizieren'). Von einem Erläuterungs- oder Explikativsatz spricht man dann, wenn der übergeordnete Satz oder eines seiner Glieder durch den Nebensatz überhaupt erst einen Inhalt bekommt. Übersetzungsprobleme stellen sich hier aufgrund der Tatsache, daß der Hauptsatz gleichsam ‚zu kurz geraten' ist und bei der deutschen Wiedergabe entweder angefüllt oder aber aufgelöst und an eine andere Stelle verschoben werden muß. Hier ein Beispiel für Anfüllung:

Sunt, quī nihil adversī ferre possint.	Es gibt Menschen, die kein Unglück ertragen können.

Und hier ein anderes für Auflösung und Verschiebung:

Accidit, ut ūnā nocte omnēs statuae dēicerentur.	Alle Standbilder wurden seltsamerweise in einer einzigen Nacht umgestürzt.

Explikative Funktion können sowohl Relativsätze als auch Nebensätze haben, die mit einer Konjunktion eingeleitet werden. Neben solchen mit ‚ut' kommen hierfür auch Konjunktionalsätze mit ‚cum', ‚quod' und ‚quīn' in Frage:

Accidit, ut domus corrueret.	Zufällig stürzte das Haus zusammen.
Septem mēnsēs sunt, cum pedem nēmō intrā domum tulit.	Sieben Monate sind es, daß niemand mehr seinen Fuß in das Haus gesetzt hat.
Accēdit, quod patrem plūs etiam amō, quam ipse scit.	Es kommt hinzu, daß ich Vater mehr liebe, als er selbst weiß.
Nōn multum āfuit, quīn urbs caperētur.	Beinahe wäre die Stadt eingenommen worden.

Nicht immer ist der Hauptsatz so kurz wie in den angeführten Beispielen. Doch bleibt die Aufgabe für den Übersetzer, bei einem Erläuterungssatz deutlich zu machen, welcher Begriff des übergeordneten Satzes im Nebensatz inhaltlich entfaltet wird.

Übung 35:

Übersetze den folgenden Text und beantworte dabei die unten aufgeführten Fragen!

Als Caesar im Jahr 58 vor Chr. die Verwaltung der gallischen Provinzen antrat, hatten die Helvetier, ein keltischer Stamm, ihre Dörfer im Gebiet der heutigen Schweiz vernichtet und den Marsch nach Westen angetreten. Dort wollten sie am Golf von Biscaya neuen Siedlungsraum gewinnen. Ihren Antrag auf freien Durchzug durch die Provinz ‚Gallia ulterior' (heute: Provence) lehnte Caesar ab. Daraufhin zogen die Helvetier weiter nördlich durch das Gebiet romfreundlicher gallischer Stämme (Haeduer, Ambarrer, Allobroger). Beim Übergang über den Arar (heute: Saône) vernichtete Caesar einen Teil der Helvetier. Unterhändler boten daraufhin Frieden an, drohten jedoch mit hartem Widerstand, wenn Caesar den Krieg gegen sie fortsetzen wolle. Dabei erinnerten sie an die Niederlage, die sie im Jahr 107 vor Chr. einem römischen Heer beigebracht hatten. In dem folgenden Text wird ein Teil von Caesars Antwort wiedergegeben:

Eās rēs, quās lēgātī Helvētiī commemorāvissent, sē memoriā tenēre. Illam clādem populum Rōmānum nōn meritō accēpisse, quī sī alicuius iniūriae sibi cōnscius fuisset, nōn fuisse difficile cavēre. Sed populum Rōmānum eō dēceptum esse, quod neque commissum ā sē intellegeret, quārē timēret, neque sine causā timendum esse putāret. Quod sī veteris contumeliae oblīvīscī vellet, num etiam recentium iniūriārum, quod eō invītō iter per prōvinciam per vim temptāvissent, quod Haeduōs, quod Ambarrōs, quod Allobrogēs vexāvissent, memoriam dēpōnere posse? Quod suā victōriā glōriārentur quodque sē tam diū iniūriās tulisse admīrārentur, eōdem pertinēre. (Nach Caesar BG I 14)

Fragen:

1. *Welche Begriffe des übergeordneten Satzes werden durch die mit ‚quod' eingeleiteten Explikativsätze jeweils erläutert?*
2. *Wo liegt eine relativische Verschränkung vor?*
3. *Wie kann man die rhetorische Frage wiedergeben?*

Vokabeln:

clādēs, is f	Schaden, Niederlage
cōnscius (a, um)	mitwissend, bewußt
(contumelia, ae f	Schande, Beschimpfung)

dēcipere, iō, cēpī, ceptum	täuschen
eōdem	ebendorthin
fuisse	Inf. Perf. v. esse
invītus (a, um)	unwillig, ungern
mē invītō	gegen meinen Willen
meritō Adv.	verdientermaßen, mit Recht
num Fragepartikel	(ob) etwa (Antwort ‚nein' erwartet; vgl. nōnne 91)
oblīvīscī, oblītus sum	vergessen
quārē	wodurch, weshalb
quod explicativum (quod causale 20)	daß
quod sī	wenn also, wenn nun
recēns, entis	neu, frisch
tam . . . quam (vgl. quam b. Komp. als)	so (sehr) . . . wie (sehr)
tulisse	Inf. Perf. v. ferre

Negationen

Bei der Übersetzung lateinischer Negationen gibt es Abweichungen im Hinblick auf die Stelle, welche die Negation im Satz einnimmt:

Nihil umquam fēcit sine aliquō quaestū atque praedā. (Cicero, In Verr. act. sec. V 11)	Niemals tat er etwas ohne irgendeinen Vorteil und Gewinn.

Während die Negation hier vom Pronomen (nihil) zum Zeitadverb (niemals) übergegangen ist, wird sie im folgenden Satz von der Konjunktion (neque) auf das Pronomen (niemand) verschoben:

Vēnī Athēnās neque mē quisquam ibī adgnōvit. (Cicero, Tusc. disp. V 104)	Ich kam nach Athen und niemand erkannte mich dort.

Bei der doppelten Negation sind drei Fälle zu unterscheiden:

1. Doppelte Verneinung mit nachgestelltem ‚nōn':

Hier heben sich die Negationen gegenseitig auf und ergeben eine verstärkte Bejahung:

Tuum cōnsilium nēmō potest nōn maximē laudāre. (Cicero, Ad fam. IV 7, 2)	Deinen Entschluß kann jeder nur aufs höchste loben.

2. Doppelnegation mit vorangestelltem ‚non‘:

Hier handelt es sich – auch wenn die Wörter getrennt gedruckt sind – um eine Wortzusammensetzung mit besonderer Bedeutung nichtverneinender Art:

Nōnnēmō etiam in illō sacrariō reī pūblicae, in ipsā cūriā nōnnēmō hostis! (Cicero, Pro L. Murena 84)	Mancher Feind befindet sich sogar im Heiligtum des Staates, im Senatsgebäude selbst befindet sich mancher Feind.

Mit dem Staatsfeind, der sich im Sitzungssaal des Senats befindet, meint Cicero hier seinen Gegner Catilina. Man kann solche Zusammensetzungen wie Vokabeln lernen:

nonnūllī (ae, a)	einige, manche
nōnnumquam	manchmal, bisweilen
nōn . . . nisī	nur
u. a.	

3. Die Stilfigur der ‚Litotes‘ (griech. = Schlichtheit):

Diese Ausdrucksweise, bei der ein negativer Begriff verneint wird, wird häufig dazu verwendet, den entsprechenden positiven Begriff zu umschreiben. Dieser Begriff kann ein Verb oder ein Nomen sein:

Neque Rēgulus īgnōrābat se ad crūdelissimum hostem proficīscī. (Cicero, De off. III 100)	Und Regulus wußte ganz genau, daß er zu einem sehr grausamen Feind abreise.
Haud mediocris vir fuit. (Cicero, De re publ. II 55)	Er war ein bedeutender Mann.

Übung 36:

Übersetze den Text und ordne die Negationen den oben angeführten Gruppen zu!

Sokrates wurde im Jahr 399 vor Chr. in Athen vor Gericht gestellt, weil er die Jugend verderbe und nicht an die Götter glaube, an welche ‚die Stadt glaubt‘. Sein Schüler Platon hat in seiner ‚Apologie‘ die Reden des Sokrates vor Gericht dargestellt. Cicero hat daraus die Schlußworte nach der Urteilsverkündung ins Lateinische übersetzt.

„Nē vōs quidem, iūdicēs iī, quī mē absolvistis, mortem timueritis! Nec enim cuiquam bonō malī quicquam ēvenīre potest nec vīvō nec mortuō, nec umquam eius rēs ā dīs immortālibus neglegentur, nec mihi ipsī hoc accidit fortuītō. Nec vērō egō iīs, ā quibus accūsātus aut ā quibus condemnātus sum, habeō quod suscēnseam, nisī quod mihi nocēre sē crēdidērunt.“ (Et haec quidem nēmō maximī nōn exīstimābit. Haud exiguum autem vidētur, quod extrēmum dīcit:) „Sed tempus est“, inquit, „iam hinc abīre, mē, ut moriar, vōs, ut vītam agātis. Utrum autem sit melius, deī immortāles sciunt, hominem quidem scīre arbitror nēminem.“ (Nach Cicero, Tusc. disp. I 99)

Erläuterungen:

Vorher hatte sich Sokrates an die Richter gewandt, die für das Todesurteil gestimmt hatten.

fortuītō Adv.	zufällig, planlos
suscēnsēre, cēnsuī	aufgebracht sein, zornig sein

Vokabeln:

abīre, eō, iī, itum	weggehen
absolvere, solvī, solūtum	ablösen, freisprechen
↔ damnāre, vī, tum und condemnāre	verurteilen, verdammen
ēvenīre, vēnī, ventum	ablaufen, sich ereignen
exiguus (a, um)	klein, gering; unbedeutend
extrēmus (a, um)	äußerster, letzter
haud	nicht (Wortverneinung)
↔ nōn	(Satzverneinung)
hinc Adv.	von hier
immortālis (e), is (mors 44)	unsterblich
mihi (egō, mē 78)	mir
morī, morior, mortuus sum	sterben
neque enim	. . . denn . . . nicht
neque vērō	aber nicht
nē . . . quidem	nicht einmal . . .
nocēre, uī, itum	schaden
quidem	jedenfalls, jedoch
umquam	jemals
uter (tra, trum); Gen. utrīus; Dat. utrī (uterque 41)	wer (von beiden)
vīvus (a, um) (vīvere)	lebendig, am Leben

Sprachenvergleich auf einen Blick

Latein	Deutsch
Nomen	
Kein Artikel	Bestimmter, unbestimmter oder kein Artikel
Oft bloße Kasusform	Präpositionaler Ausdruck
Zusammengehörige Satzglieder oft getrennt	Zusammengehörige Satzglieder stehen beisammen
Direktes und indirektes Reflexivpronomen	Nur direktes Reflexivpronomen
Unbestimmtes Subjekt: 2. Pers. Sing., 1. Pers. Pl. Akt., 3. Pers. Sing. Pass.	Unbestimmtes Subjekt: „man“
Verb	
1. Tempora im Hauptsatz:	
Erzählendes Perfekt	Präteritum
Schilderndes Imperfekt	Präteritum (ggf. + „gewöhnlich“ o. ä.)
Feststellendes Perfekt	Perfekt
Futur I	Präsens mit Zeitadverbien („bald“ o. ä.) oder Futur
2. Tempora im Gliedsatz:	
postquam mit Perfekt	„nachdem“ mit Plqperf.
ubi (primum) mit Perfekt	„sobald“ mit Plqperf.
dum mit Präsens	„während“ mit Präteritum
3. Konjunktive im Hauptsatz:	
Wunsch- oder Willensäußerung (voluntativus, optativus)	Imperativ, Modalverben („sollen“, „mögen“), Partikel („doch“, „bitte“)
Aufforderung (adhortativus)	„laßt uns . . .“
Möglichkeit (potentialis)	Modalverben („könnte“) und Partikel („wohl“, „vielleicht“)
Nichtwirklichkeit (irrealis)	Irrealer Konjunktiv

Latein	Deutsch
4. Konjunktive im Gliedsatz:	
Abh. Begehrungssatz: (a) Erzählung: petīvit ab eō, ut venīret	Konjunktiv („daß er komme“) oder Infinitiv („zu kommen“)
(b) Gespräch: petō ā tē, ut veniās	Indikativ („daß du kommst“) oder Infinitiv („zu kommen“)
Finalsatz (ut, nē)	Indikativ („damit“, „damit nicht“) oder (bei gleichem Subjekt) Infinitiv mit „um . . . zu“
Abhängiger Fragesatz	Indikativ oder Konjunktiv der indirekten Rede
Sätze mit cum (historicum, causale, concessivum)	Indikativ
Relativsatz im Konjunktiv (finaler, kausaler, konzessiver, konsekutiver Sinn)	Indikativ mit Modalverb („die . . . sollen“) oder Einleitewörter („da“, „weil“, obwohl“ u. a.), bei finalem Sinn auch (bei gleichem Subjekt) Infinitiv mit „um. . . zu“
Partizipkonstruktionen **1. Verbundenes Partizip (participium coniunctum):**	
Einbettung einer Aussage mit Hilfe einer Partizipform, die das Zeitverhältnis anzeigt und in Kasus, Numerus, Genus mit dem Beziehungswort übereinstimmt (Kongruenz)	1. Gliedsatz mit sinnentsprechendem Einleitewort („weil“, „obwohl“ usw.) 2. Beiordnung mit sinnentsprechendem Einleitewort („denn“, „allerdings“ usw.) 3. Verbalsubstantiv mit sinnentsprechender Präposition („wegen“, „trotz“ usw.)
2. Ablativ mit Partizip (ablativus absolutus):	
Nomen (Subjekt der eingebetteten Aussage) im Ablativ und formgleiches Partizip (Prädikat der Aussage) oder sonstige Nominalform	1. Gliedsatz mit sinnentsprechendem Einleitewort („weil“, „obwohl“ usw.) 2. Beiordnung mit sinnentsprechendem Einleitewort („denn“, „allerdings“ usw.) 3. Verbalsubstantiv mit sinnentsprechender Präposition („wegen“, „trotz“ usw.)

Latein	Deutsch
Infinitivkonstruktionen: **1. Akkusativ-mit-Infinitiv (AcI):** Einbettung einer Aussage, wobei das Subjekt in den Akkusativ, das Prädikat in den Infinitiv gesetzt wird	Gliedsatz mit „daß“ im Indikativ bei Abhängigkeit von Verben der Wahrnehmung und der Gemütsstimmung sowie bei unpersönlichen Ausdrücken
AcI nach Ausdrücken des Denkens, Wünschens, Begehrens und der sprachlichen Äußerung	Gliedsatz mit „daß“ oder ohne Einleitewort im Konjunktiv der indirekten Rede. Bei Abhängigkeit von Verben des Befehlens, Verbietens, Zulassens auch Infinitiv mit „zu“
2. Nominativ-mit-Infinitiv (NcI): Infinitiv und übergeordnetes Verb haben ein gemeinsames Subjekt (a) vidērī (b) iubēre, vetāre	„scheinen“ mit NcI Hauptsatz mit Dat.-Erg. („ihnen wurde befohlen“) und Gliedsatz mit „daß“ oder ohne Einleitewort im Konjunktiv, Infinitiv mit „zu“, Verbalsubstantiv (puerī adīre vetītī sunt: „Kindern wurde der Zugang verboten“)
Redewiedergabe (indirekte Rede): Aussagesätze stehen im AcI, Begehrungs- und Fragesätze im Konjunktiv, ebenfalls alle Gliedsätze, soweit sie zum Redeinhalt gehören	Konjunktiv der indirekten Rede (AcI als Gliedsatz mit „daß“), Gliedsätze im Konjunktiv, soweit sie zum Redeinhalt gehören, sonst im Indikativ

Probleme der Textgattungen beim Übersetzen aus dem Lateinischen

Beim Übersetzen soll nicht nur der Sinngehalt des Ausgangstextes in die Zielsprache übertragen werden, sondern auch die Textgattung in ihren wesentlichen Elementen erhalten bleiben. Mit anderen Worten: Auch der Leser der Übersetzung soll noch unterscheiden können, ob er eine Erzählung oder eine Erörterung, ob er eine Ortsbeschreibung oder ein gerichtliches Plädoyer vor sich hat. Es muß also gefragt werden, welche Merkmale die Gattung hat, von der ein Text in der Schule behandelt wird oder in einer Klausur übersetzt werden soll. Daraus ergibt sich die zweite Frage, welche dieser Merkmale sich beim Übersetzen aus dem Ausgangstext in die Zielsprache, also ins Deutsche, hinüberbringen lassen. An fünf Gattungen, die in den Texten der lateinischen Schullektüre immer wieder vorkommen, soll diese besondere Übersetzungsaufgabe gezeigt und geübt werden.

Fabel, Anekdote, Exempel: Ausrichtung auf die Pointe

Die sogenannten ‚Kleinen Formen', hinter denen sowohl unterhaltende wie auch belehrende Absicht stecken kann, sind meist auf Kürze angelegt und finden ihr Ende in einer Pointe, welche den Textsinn in einer kompakten Formulierung zusammenfaßt oder auf den Begriff bringt. Dabei ist meist eine Abfolge in drei Schritten zu beachten:

1. Eine Ausgangssituation wird dargestellt.
2. Ein Wandel tritt ein, etwas ereignet sich, oder eine neue Person kommt ins Spiel.
3. Die Hauptfigur reagiert darauf mit einem bestimmten Verhalten oder einer bestimmten Äußerung.

Hier eine Exempelgeschichte:

Mulier quaedam habēbat gallīnam, quae cottīdiē ūnum ōvum pariēbat. Cum autem ūnō ōvō nōn esset contenta, sed plūra cuperet, gallīnae largiōrem cibum dare coepit, sperāns bis aut ter in diē eam ōvum parere posse. Sed spēs mulierem fefellit. Gallīna enim cum pinguis esset, ōva parere dēsiit.

Eine Frau besaß ein Huhn, das täglich ein Ei legte. Weil die Frau aber mit dem einen Ei nicht zufrieden war, sondern mehr haben wollte, begann sie dem Huhn mehr Futter zu geben, in der Hoffnung, nun könne es zwei- oder dreimal am Tag ein Ei legen. Aber die Frau täuschte sich in ihrer Hoffnung. Denn als das Huhn fett war, hörte es auf, Eier zu legen.

(Prima lectio. Erste lateinische Lesestücke, Auswahl u. Übersetzung von F. P. Waiblinger, München: Deutscher Taschenbuch Verlag 1989, S. 52)

Der erste Satz bringt die Ausgangssituation. Dann ändert die Frau ihr Verhalten. Darauf reagiert die Hauptfigur, nämlich das Huhn, auf das es hier ankommt, damit, daß es sich anders verhält, als die Frau gehofft hatte: Man wird durchaus nicht produktiver, wenn es einem besser geht.

Ähnlich ist diese Fabel gebaut:

Capella cum peperisset et ad pāstum vellet īre, īgnārum haedum admonuit, nē cuiquam aperīret; sciēbat enim multās ferās stabula pecorum circumīre. Monuit et exinde abiit. Vēnit lupus et vōcem assimilāns mātris aperīre iussit. Haedus autem per rīmās cōnspiciēns sīc ait: „Vōcem mātris audiō, sed tū fallāx es et inimīcus et sub mātris vōce sanguinem nostrum quaeris."

Als eine Ziege geboren hatte und auf die Weide gehen wollte, ermahnte sie das unkundige Zicklein, es solle ja niemandem öffnen; sie wußte nämlich, daß viele Raubtiere um die Viehställe herumstreiften. Ermahnte und ging von dannen. Da kam ein Wolf und gebot – die Stimme der Mutter nachahmend – zu öffnen. Das Zicklein aber schaute durch die Ritzen und sprach: „Die Stimme der Mutter hör' ich, aber du bist ein Betrüger und ein Feind und willst, indem du die Stimme der Mutter nachahmst, nur unser Blut."

(Der lat. Äsop des Romulus, ed. Thiele Nr. 36)

Hier geht die Geschichte anders aus. Das Zicklein befolgt die Mahnung, welche die Mutter in der Ausgangssituation gegeben hat, in der Gefahrenlage, welche durch das Erscheinen des Wolfs entstanden ist. Es reagiert mit dem gewünschten Verhalten und gibt so die Lehre, daß es richtig ist, auf die Mutter zu hören. Auch in der Anekdote finden wir den Dreischritt und die Ausrichtung auf die Pointe:

Adulēscēns quīdam, quī in placentā venēnum dedisse patrī ferēbatur, apud iūdicēs Cicerōnem accūsātōrem lace-

Ein junger Mann stand im Verdacht, seinem Vater in einem Kuchen Gift verabreicht zu haben. Als er vor Ge-

rābat convīciīs. Cicero: „Perge in mē maledicta“, inquit, „ea quam placentam mālim.“

richt seinen Ankläger Cicero mit Schmähungen überhäufte, erwiderte dieser: „Schimpf nur weiter gegen mich, das mag ich lieber als Kuchen.“

(Nach Plutarch, Cicero 26, in: locosa Romana, hrsg. v. E. Rey, bearb. v. W. Straube, Stuttgart: Klett 1988, S. 12)

Hier ist die Ausgangssituation in einem Relativsatz gegeben. Das auslösende Ereignis ist dann die Schimpferei vor Gericht. Als Hauptfigur stellt sich Cicero heraus, dessen witzige Wendung seine Souveränität in der Ausübung der Anklägerrolle beweist: Man soll auf Beschimpfungen nichts geben. Der Übersetzer hat die Ausgangssituation in einen eigenen Satz gefaßt und die beiden anderen Schritte des Anekdotenschemas auf Gliedsatz und Hauptsatz eines Satzgefüges verteilt. Auch in den Übersetzungen der beiden anderen Beispiele sind die drei Schritte (z. B. durch Konjunktionen wie „aber“ oder Adverbien wie „da“) deutlich markiert.

Übung 37:

Übersetze die folgende Exempelgeschichte unter Wahrung ihrer kurzen und einfachen Form! In welchen Wörtern und Ausdrücken wird die Ausrichtung auf die Pointe faßbar? Worin besteht die Pointe?

Rūsticus mortī vīcīnus cum dīvitiās nōn habēret, quās fīliīs relinqueret, excitāre animōs eōrum voluit ad assiduum labōrem. Convocāvit igitur eōs et ita cum eīs locūtus est: „Mox ā vōbīs, fīliī meī, discēdam. Omnēs, quās habeō, opēs in vīneā nostrā vōbīs sunt quaerendae.“ Paulō post mortuus est. Tum fīliī, quod crēdēbant in vīneā patrem thēsaurum condidisse, tōtam vīneae humum effodērunt. Thēsaurum quidem nōn invēnērunt, sed cum humus fōdiendō subācta esset, vītēs ūberrimōs frūctūs tulērunt.

(Nach ‚Prima lectio‘, hrsg. v. Franz Peter Waiblinger, dtv 9262, München: Deutscher Taschenbuch Verlag 1989, S. 54)

Erläuterungen:

mox Adv.	bald
vīnea, ae f	Weinberg
thēsaurus, ī m	(griech. Wort) Schatz, Vorrat
effodere, iō, fōdī, fossum	ausgraben, umgraben
fodere, iō, fossum	graben
(fodiendō	Abl. des Gerundiums)
vītis, is f	Weinrebe, Weinstock
uber, eris Komp. ūberior (ius), ōris; Superl. ūberrimus (a, um)	fruchtbar, üppig
tulērunt	Perf. v. ferre

Vokabeln:

assiduus (a, um)	beharrlich, unablässig
condere, didī, ditum	1. erbauen, gründen; 2. verwahren, bergen
convocāre, vī, tum	zusammenrufen
excitāre, vī, tum	aufregen, anregen
humus, ī f	Erdboden, Erde
ops, opis f	Kraft, Stärke, Hilfe
opēs, opum f Pl.	Mittel, Reichtum, Macht
rūsticus, ī m	Bauer
subigere, ēgī, āctum	unterwerfen, bezwingen; bearbeiten
vīcīnus (a, um)	benachbart; Subst. Nachbar
vocāre, vī, tum	rufen, nennen, bezeichnen

Erzählung und Bericht: Handlungsablauf

Erzählung und Bericht haben Folgen von Handlungen und Ereignissen zum Gegenstand. Diese werden gewöhnlich in der Ordnung zur Sprache gebracht, in der sie sich infolge des zeitlichen Nacheinanders ereignet haben. So ergibt sich ein ‚roter Faden', der auch im Text durch sprachliche Signale markiert wird. Dieser muß auch in der Übersetzung hervorgehoben werden. Als Beispiel diene die Geschichte von Mucius Scaevola (‚Linkshand') aus der römischen Frühzeit:

Cum Porsenna, rēx Etruscōrum, urbem obsidēret, Mūcius Cordus, vir Rōmānae cōnstantiae, senātum adiit et veniam trānsfugiendī petīvit, necem rēgis prōmittēns. Acceptā potestāte in castra Porsennae vēnit ibīque purpurātum prō rēge dēceptus occīdit. Apprehēnsus et ad rēgem trāctus dextram ārīs imposuit, hoc supplicium exigēns, quod in caede peccāsset. Unde cum misericordiā rēgis ab-

Als der Etruskerkönig Porsenna die Stadt Rom belagerte, trat Mucius Cordus, ein Mann von echt römischer Charakterfestigkeit, vor den Senat und bat um Erlaubnis, den Überläufer spielen zu dürfen. Er versprach, den König zu töten. Er erhielt die Vollmacht, ging in das Lager des Porsenna und tötete dort irrtümlich einen hohen Beamten statt des Königs. Er wurde ergriffen und vor den König gebracht.

straherētur, quasi beneficium referēns ait trecentōs adversus eum similēs coniūrāsse. Quā rē ille territus bellum acceptīs obsidibus dēposuit.

(Aurelius Victor, De viris illustribus 12)

Dort hielt er die rechte Hand ins Altarfeuer, indem er sich diese Strafe auferlegte, weil er bei dem Anschlag einen Fehler gemacht hatte. Als er, weil der König Mitleid mit ihm hatte, von dort weggezogen wurde, erklärte er, gleichsam als Dank, es hätten sich dreihundert Leute von ähnlicher Art gegen ihn verschworen. Daraufhin bekam jener einen Schreck, ließ sich Geiseln geben und beendete den Krieg.

Der ‚rote Faden', das Gerüst der Abfolge der Geschehnisse, wird durch die Reihe der Perf.-Ind.-Formen markiert, denen die Partizip-Konstruktionen mit dem Part. Perf. Pass. gleichgestellt werden können. Hebt man diese sprachlichen Elemente heraus und gibt man sie im Deutschen entsprechend wieder, so sieht das Handlungsgerüst folgendermaßen aus:

Mūcius Cordus . . . senātum adiit	M. C. trat vor den Senat
et veniam . . . petīvit	und bat um Erlaubnis
Acceptā potestāte	Er erhielt Vollmacht
in castra Porsennae vēnit	Er gelangte ins Lager P.s
purpurātum . . . dēceptus occīdit	Er täuschte sich und tötete einen hohen Beamten
Apprehēnsus et ad regem tractus	Er wurde ergriffen und zum König gebracht
dextram ārīs imposuit	Er hielt die rechte Hand ins Altarfeuer
ait trecentōs adversus eum . . . coniūrāsse	Er sagte, daß sich dreihundert verschworen hätten
. . . ille territus	Jener erschrak
obsidibus acceptīs	Geiseln wurden genommen
(bellum) dēposuit.	Er beendete (den Krieg)

Man kann daher beim Übersetzen so vorgehen, daß man diese sprachlichen Elemente – wie hier geschehen – zuerst unterstreicht und mit dem deutschen Präteritum wiedergibt. Alles andere kann dann in Form von Gliedsätzen oder Infinitivkonstruktionen diesem Haupterzählstrang zugeordnet werden, z. B.

hoc supplicium exigēns, quod . . . peccāsset (10)	idem er sich diese Strafe auferlegte, weil er . . . einen Fehler gemacht hatte
misericordiā rēgis (11)	weil der König Mitleid mit ihm hatte
veniam trānsfugiendī (4)	Erlaubnis, den Überläufer spielen zu dürfen

Auch substantivische Wendungen oder Beiordnungen in einem selbständigen Satz sind hier möglich:

necem rēgis prōmittēns (5)	Er versprach, den König zu töten
quasi beneficium referēns (12)	gleichsam als Dank

Oft ist hier eine ganze Reihe von abhängigen Verbformen um eine einzige Perfektform herum gruppiert wie in dem folgenden Satz aus Caesars Bericht über den Krieg in Gallien:

Hīs rēbus gestīs omnī Galliā pācātā tanta huius bellī ad barbarōs opīniō perlāta est, ut ab iīs nātionibus, quae trāns Rhēnum incolerent, lēgātī ad Caesarem mitterentur, quī sē obsidēs datūrās, imperāta factūrās pollicerentur. (Caesar BG II 35, 1)	Nach diesen Unternehmungen herrschte in ganz Gallien Ruhe. Über diesen Krieg aber drang so eindruckweckende Kunde zu den Barbaren, daß von den Stämmen, die jenseits des Rheins saßen, Gesandte zu Caesar geschickt wurden. Die erklärten sich bereit, Geiseln zu stellen und seine Auflagen zu erfüllen.

Da man den Abl. abs. zur Perfektreihe rechnen kann, hat der Übersetzer hier den ersten Einschnitt gemacht. Ein zweiter Einschnitt wurde dadurch möglich, daß der Relativsatz wie bei einem ‚relativischen Anschluß' an das Satzgefüge angehängt ist.

Übung 38:

Unterstreiche die Verbformen, welche den Haupterzählstrang markieren, und übersetze sie mit den zugehörigen Subjekten und Objekten! Prüfe dann die geeigneten Übersetzungsmöglichkeiten für die restlichen Ausdrücke des Textes und übersetze den ganzen Text!

Servius Tullius rēx Latīnōrum populīs persuāsit, ut aedem Diānae in Aventīnō aedificārent. Quō factō bōs cuidam Latīnō mīrae māgnitūdinis nāta est. Deinde respōnsum somniō datum est eum populum summam imperiī habitūrum esse, cuius cīvis bovem illam Diānae immolāsset. Latīnus bovem in Aventīnum ēgit et causam sacerdōtī Rōmānō exposuit. Ille callidē dīxit prius eum vīvō flūmine manūs abluere dēbēre. Latīnus dum ad Tiberim dēscendit, sacerdōs bovem immolāvit. Ita imperium cīvibus, sibi glōriam factō cōnsiliōque quaesīvit.

(Aurelius Victor, De viris illustribus 7)

Erläuterungen:

Servius Tullius gilt in der Sage als sechster König von Rom. Römer und Latiner sind in dieser frühen Zeit noch Rivalen. Der Kampf um die Vorherrschaft in Mittelitalien beginnt erst.

Diana wurde als Göttin des vegetativen Lebens und Schützerin der Frauen verehrt.

Der Aventin ist einer der sieben Hügel Roms.

quō factō (Abl. abs. mit relativischem Anschluß)	als das geschehen war
bōs, bovis m f	Rind (m Ochse, f Kuh)
nāta est	von nāscī (41)
respōnsum von respondēre (64)	Antwort
immolāre, vī	zum Opfer darbringen, opfern
callidus (a, um)	(lebens)klug, schlau
abluere, luī, lūtum	abwaschen, reinigen
Tiberis, is m	Tiber (ital. Tevere) Fluß durch Rom

Vokabeln:

aedificāre, vī, tum (aedēs 6)	bauen
dein(de) Adv.	darauf, ferner
dēscendere, scendī, scēnsum	herabsteigen
dum b. Ind. Präs. (dum 88)	während
factum, ī n (facere)	Handlung, Tat, Tatsache
māgnitūdō, dinis f (māgnus)	Größe
mīrus (a, um)	wunderbar, erstaunlich
prius Adv.	früher, eher, zuvor
sacerdōs, dōtis m f	Priester(in)
somnium, iī n	Traum

Beschreibung: Einteilung und Übersicht

In einem beschreibenden Text wird ein Gegenstand übersichtlich dargestellt, indem er in Teile gegliedert und der Zusammenhang dieser Teile aufgezeigt wird. Das sieht etwa bei einem geographischen Gegenstand so aus:

Gallia est omnis dīvisa in partēs trēs, quārum ūnam incolunt Belgae, aliam Aquītānī, tertiam quī ipsōrum linguā Celtae, nostrā Gallī appellantur.	Das gesamte Gallien zerfällt in drei Teile, von denen den einen die Belgier, einen anderen die Aquitaner, den dritten diejenigen bewohnen, die in ihrer eigenen Sprache Kelten, in unserer Sprache Gallier heißen.
Hī omnēs linguā, īnstitūtīs, lēgibus inter sē differunt.	Diese unterscheiden sich alle nach ihrer Sprache, ihren Bräuchen und ihrer Rechtsordnung voneinander.
Gallōs ab Aquītānīs Garunna flūmen, ā Belgīs Mātrona et Sēquana dīvidit ... (Caesar BG I 1, 1/2)	Die Gallier scheidet von den Aquitanern die Garonne, von den Belgern die Marne und die Seine ...

Die Beschreibung beginnt mit dem Namen für das Ganze und der Ankündigung, daß dieses drei Teile habe. Daher kann eine Aufzählung dieser drei Teile erwartet werden (ūnam ... aliam ... tertiam). Es folgt eine globale Angabe darüber, worin sich diese Völkerschaften unterscheiden, und dann erst – worauf der Leser wartet – die geographische Abgrenzung durch die Nennung der Flüsse, welche die Siedlungsgebiete der Stämme voneinander trennen. Der klare Aufbau des Textes enthält bereits die beste Anweisung für seine Übersetzung ins Deutsche.

Gegenstand einer Beschreibung kann auch ein Verfahren sein, d. h. eine geordnete Folge von Tätigkeiten. So beschreibt Caesar im folgenden Text, wie die Britannier ihre Streitwagen im Kampf einsetzen:

Genus hoc est ex essedīs pūgnae: prīmō per omnēs partēs perequitant et tēla coniciunt atque ipsō terrōre equōrum et strepitū rotārum ōrdinēs plērumque perturbant.	Folgendermaßen ist die Kampfesweise von Streitwagen aus: Zuerst fahren sie nach allen Richtungen los, schleudern ihre Geschosse und verwirren meist schon durch den Schrecken, der von den Pferden ausgeht, und durch den Lärm, den die Räder machen, die Reihen (der Feinde).
Et cum sē inter equitum turmās īnsi-	Und wenn sie dann in die Reiterabtei-

nuāvērunt, ex essedīs dēsiliunt et pedibus proeliantur.

Aurigae interim paulum ex proeliō excēdunt atque ita currūs collocant, ut, sī illī ā multitūdine hostium premantur, expedītum ad suōs receptum habeant.

(Caesar BG IV 33, 1/2)

lungen eingedrungen sind, springen sie von den Wagen und kämpfen zu Fuß weiter.

Die Wagenlenker fahren inzwischen ein Stück aus der Frontlinie heraus und stellen ihre Fahrzeuge so auf, daß jene, falls sie von einer feindlichen Übermacht bedrängt werden, eine bequeme Rückzugsmöglichkeit zu den eigenen Leuten haben.

Wie bei der geographischen Beschreibung das Ganze in räumliche Einheiten und verschiedene Völkerschaften eingeteilt wird, so besteht hier die Gliederung aus den Einzelphasen dieser außergewöhnlichen Kampfesweise (ex essedīs pūgnae). Sie sind durch adverbiale Bestimmungen der Zeit markiert, die erste Phase durch das Adverb ‚prīmō‘ (2), die zweite mit Hilfe eines Temporalsatzes (‚cum‘ mit Ind. Perf.: 6). Da Wagenlenker und Kämpfer in dieser Phase getrennt operieren, wird der Satz über die Funktion des Wagens als Rückzugsbasis durch das Adverb ‚interim‘ (9) angefügt. Diese Gliederungssignale enthalten die Anleitung, wie die drei Teile dieses militärischen Verfahrens in der Übersetzung verknüpft werden müssen.

Übung 39:

In dem folgenden Text wird die Lage von Alesia beschrieben, dem Ort, an dem der letzte Kampf der Gallier unter Vercingetorix gegen Caesar im Jahr 52 vor Chr. stattfand. Wie wird der Gegenstand gegliedert? Welche sprachlichen Gliederungssignale werden dazu verwendet?

Übersetze den Text!

Ipsum erat oppidum Alesia in colle summō admodum ēditō locō, ut nisī obsidiōne expūgnārī nōn posse vidērētur. Cuius collis rādīcēs duo duābus ex partibus flūmina subluēbant. Ante oppidum plānitiēs circiter mīlia passuum tria in longitūdinem patēbat. Reliquīs ex omnibus partibus collēs mediocrī interiectō spatiō pārī altitūdinis fastīgiō oppidum cingēbant.

(Caesar BG VII 69, 1–4)

Erläuterungen:

ēditus (a, um)	emporragend, hoch
rādīx, īcis f	Wurzel; Ursprung
subluere, luī, lūtum (vgl. abluere 125)	unten bespülen
longitūdō, dinis f (longus)	Länge
mediocris (e), is (medius 95)	mittelgroß, mittelmäßig
intericere, iō, iēcī, iectum	dazwischenwerfen, einfügen
fastīgium, iī n	Neigung, Höhe(punkt):
pārī altit. fastīgiō	mit gleicher Hangneigung und Höhe

Vokabeln:

altus (a, um)	hoch; tief
altitūdō, dinis f	Höhe; Tiefe
cingere, cinxī, cinctum	umgürten, umgeben
circiter Adv.	ungefähr
mīlle	tausend
Pl. (duo usw.) mīlia, ium	(zweitausend usw.)
passus, ūs m (patēre 24)	Schritt
Pl. passūs, uum	Doppelschritt (als Längenmaß ca. 1,50m)
obsidēre, sēdī, sessum	belagern
(obsidiō, ōnis f	Belagerung)
plānus (a, um)	flach, eben; deutlich
(plānitiēs, ēī f	Ebene)
reliquus (a, um)	übrig
spatium, iī n	Raum, Strecke; Zeitraum, Frist
ut b. Konj. (vgl. ut 64, 84)	so daß

Philosophische Erörterung: Definition und Argumentation

Wenn sich in einem Text eine philosophische Erörterung findet, werden im Leser drei Fragen erregt:

1. Wie definiert der Autor seinen Gegenstand?
2. Welche These vertritt er über diesen Gegenstand?
3. Mit welchen Argumenten versucht er, diese These zu beweisen?

In dem folgenden Abschnitt beschäftigt sich Cicero mit den ‚magistrātūs', den Leuten also, die im antiken Rom die Regierungsgewalt ausübten:

Magistrātibus opus est, sine quōrum prūdentiā ac dīligentiā esse cīvitās nōn potest, quōrumque dīscrīptiōne omnis reī pūblicae moderātiō continētur. Neque sōlum iīs praescrībendus est imperandī, sed etiam cīvibus obtemperandī modus. Nam et quī bene imperat, paruerit aliquandō necesse est, et quī modestē paret, vidētur quī aliquandō imperet dīgnus esse. Itaque oportet et eum quī paret spērāre, sē aliquō tempore imperātūrum, et illum quī imperat cōgitāre, brevī tempore sibi esse parendum.

(Cicero, De legibus III 5)

Regierungsbeamte sind notwendig, ohne deren Klugheit und Achtsamkeit das Gemeinwesen nicht existieren kann und auf deren Organisation jede staatliche Ordnung beruht. Es gilt jedoch, nicht nur ihnen für das Regieren, sondern auch den Bürgern für das Gehorchen Regeln vorzuschreiben. Denn sowohl jemand, der gut regiert, muß notwendigerweise einmal gehorcht haben, wie jemand, der besonnen gehorcht, eines Tages für wert befunden werden kann zu regieren. Deshalb sollte der Untertan die Hoffnung hegen, er werde eines Tages regieren, und der Regierende daran denken, daß er in kurzer Zeit wieder gehorchen muß.

Von den Inhabern staatlicher Ämter in Rom ist die Rede. Sie werden definiert als notwendig für ein geordnetes Gemeinwesen, dessen Leben auf ihrer Leistung beruhe. Sie werden also z. B. nicht definiert als solche, die zur Macht drängen und ihren Aufstieg mit unfeinen Methoden betreiben, oder als solche, denen aufgrund ihrer Abkunft das Regieren zukäme. Es ist sozusagen eine republikanische Definition. Deshalb lautet die im Text vertretene These, daß die Regierenden ihre Macht nach Regeln (praescrībendus est ... modus 5ff.) ausüben müßten und daß es auch für den Gehorsam gegenüber der Obrigkeit Grenzen geben müsse (obtemperandī modus 6f.). Diese These wird mit dem Argument begründet (nam 7), daß Regierende und Untertanen zeitlich wechselnde Rollen innehätten (aliquandō 8, 9, aliquō tempore 11, brevī tempore 13). Denn jene seien vor Antritt ihres Amtes Untertanen gewesen, und diese könnten für würdig erkannt werden, ein Amt zu bekleiden. Aus diesem Sachverhalt wird gefolgert (itaque 10), daß keiner der beiden Rolleninhaber die Tugend des anderen verlernen dürfte, derjenige, der regiert (quī imperat 12/13), nicht das Gehorchen, der gehorsame Bürger aber (quī paret 11) nicht das Befehlen. Diese Argumentationsstruktur beruht auf der durchgängigen Gegenüberstellung (Antithese) von ‚imperāre' (6, 7, 10, 12, 13) und ‚obtemperāre/parēre' (6, 8, 9, 11, 14) sowie der Anzeige der jeweiligen logischen Operationen durch entsprechende Formwörter (nam 7 für die Begründung und itaque 10 für die Schlußfolgerung).

Übung 40:

Übersetze den Text und beantworte die Fragen!

Wie definiert der Verfasser des folgenden Textes seinen Gegenstand? Welche These will er glaubhaft machen? Wie geht er in seiner Argumentation vor?

Meā quidem sententiā omnis ratiō vītae adiūmenta hominum dēsīderat, imprīmīsque, ut habeat, quisbuscum possit familiārēs cōnferre sermōnēs. Quod est difficile, nisī speciem prae tē bonī virī ferās. Ergō etiam sōlitāriō hominī atque in agrō vītam agentī opīniō iūstitiae necessāria est, eōque etiam magis, quod, eam sī nōn habēbit, nūllīs praesidiīs mūnītus multīs afficētur iniūriīs. Atque iīs etiam, quī vēndunt, emunt, condūcunt, locant, iūstitia ad rem gerendam necessāria est. Cuius tanta vīs est, ut nē illī quidem, quī maleficiō et scelere vīvunt, possint sine ūllā particulā iūstitiae vīvere. (Nach Cicero, De off. II 39)

Erläuterungen:

adiūmentum, ī n (adiuvare 107)	Hilfe, Hilfsmittel
sōlitārius (a, um) (sōlus 73)	allein(stehend), ungesellig
opīniō (76)	ist hier die Meinung der anderen, daß der Mann gerecht sei
maleficium, iī n (malus 56, facere)	Übeltat, Verbrechen
particula, ae f (pars)	Teilchen, ein bißchen

Vokabeln:

afficere, iō, fēcī, fectum	versehen mit etwas
hominēs gaudiō (dolōre) afficere	den Menschen Freude bereiten (Leid zufügen)
condūcere, dūxī, ductum	zusammenführen; anwerben, mieten
cōnferre, ferō, tulī, collātum	zusammenbringen; vergleichen
sermōnēs cōnferre	Gespräche führen
dēsīderāre, vī, tum	ersehnen, vermissen
emere, ēmī, ēmptum	nehmen; kaufen
eō magis Adv.	um so mehr
ergō Adv.	deshalb, also
imprīmīs Adv.	besonders, vor allem
iūstitia, ae f	Gerechtigkeit

locāre, vī, tum	stellen, legen; vermieten, auf Zins anlegen
magis Adv.	mehr
necessārius (a, um)	notwendig; nahestehend, verwandt
praesidium, iī n	Schutz, Besatzung
scelus, leris n	Verbrechen
sermō, mōnis m	Gespräch, Sprache
vēndere, didī, ditum	verkaufen

Politische und Gerichtsrede: Überredungsstrategie

Wer in der Volksversammlung oder vor dem Senat als Politiker spricht oder vor einem Gerichtshof eine Prozeßrede, ein ‚Plädoyer', hält, hat sicherlich die Absicht, möglichst alle Zuhörer auf seine Seite zu bringen und von der Richtigkeit der eigenen Position zu überzeugen. Deshalb müssen wir die Frage stellen, wie die eingesetzten Sprach- und Stilmittel jeweils diesem Zweck dienen, d. h. welche Überredungsstrategie der Redner verfolgt.

Es gibt grundsätzlich zwei Möglichkeiten, beim Zuhörer die gewünschte Wirkung zu erreichen. Der Redner kann direkt an sein Gefühl appellieren. Ein berühmtes Beispiel ist der Anfang der ersten Rede gegen Catilina, welche Cicero am 8. Nov. 63 vor Chr. vor dem Senat gehalten hat, wobei sich der Beschuldigte unter den Zuhörern befand:

Quō ūsque tandem abūtēre, Catilīna, patientiā nostrā? Quamdiū etiam furor iste tuus nōs ēlūdet? Quem ad fīnem sēsē effrēnāta iactābit audācia? Nihilne tē nocturnum praesidium Palātiī, nihil urbis vigiliae, nihil timor populī, nihil concursus bonōrum omnium, nihil hic mūnītissimus habendī senātūs locus, nihil hōrum ōra vultūsque mōvērunt?

(Cicero, Cat. I 1, 1)

Wie lange noch, Catilina, wirst du unsere Geduld mißbrauchen? Wie lange noch wirst du in deiner Verrücktheit deinen Spott mit uns treiben? Bis zu welchem Ende wird sich deine zügellose Frechheit noch aufspielen? Hat dir nicht der nächtliche Posten auf dem Palatin zu denken gegeben, nicht die Wachen in der Stadt, nicht die Angst des Volkes, nicht die Zusammenkunft aller achtbaren Leute, nicht dieser äußerst abgesicherte Ort der Senatssitzung, nicht die Gesichter und Mienen dieser Männer hier?

In einer schnellen Folge von rhetorischen Fragen, die der Form nach an Catilina, der Absicht nach aber an die Senatoren gerichtet sind, versucht Cicero, seine Empörung über den Umstürzler auf das Auditorium zu übertragen. Er benutzt dazu den hämmernden Klang der Anaphern (sechsmal ‚nihil'!) genauso wie die affektbesetzten Wörter, mit denen er das Verhalten seines Gegners charakterisiert (furor, effrēnāta audācia, ēlūdere, sē iactāre). Mit dem dagegengesetzten Hinweis auf Bewachung, nächtliche Streifen, Absicherung des Sitzungssaals im Jupitertempel und die Stimmung im Senat will er nicht nur Catilina Angst machen, sondern die Staatshüter zum Durchgreifen ermutigen. Diese Überredungsstrategie ist der explosiven Lage angepaßt.

Doch kann der Redner auch Einstellung und Gefühle der Zuhörer beeinflussen, indem er eine intellektuelle Methode anwendet, z. B. die Form der Argumentation wählt, die hier jedoch eine andere Funktion hat als in einem philosophischen Text. In dem folgenden Beispiel benutzt Cicero diese Form zur Verschleierung seiner eigentlichen Absichten:

> Wer als Rechtsanwalt in der Ämterlaufbahn (cursus honōrum) aufsteigen wollte, durfte keine Bitte um Übernahme einer Verteidigung vor Gericht abschlagen. Denn jeder Hilfesuchende war ein künftiger Wähler und brachte weitere Wähler mit, die von ihm abhingen. Daher übernahm Cicero im Jahr 65 vor Chr. den Fall eines gewissen Cluentius, obwohl er von dessen Unschuld nicht überzeugt war. Doch hatte dieser Mann in seinem Wahlkreis großen Einfluß. Einer möglichen Kritik an seinem Verhalten begegnete er in seinem Plädoyer mit dem folgenden Passus:

Sed errat vehementer, sī quis in ōrātiōnibus nostrīs, quās in iūdiciīs habuimus, auctōritātēs nostrās cōnsīgnātās sē habēre arbitrātur. Omnēs enim illae causārum ac temporum sunt, nōn hominum aut patrōnōrum. Nam sī causae ipsae prō sē loquī possent, nēmō adhibēret ōrātōrem; nunc adhibēmur, ut ea dīcāmus, nōn quae nostrā auctōritāte cōnstituantur, sed quae ex rē ipsā causāque dūcantur.

(Cicero, Pro Cluentio 139)

Es wäre aber ein gewaltiger Irrtum, wenn jemand annimmt, daß er in meinen Reden, die ich vor Gericht gehalten habe, meine Überzeugungen sozusagen beglaubigt vor sich habe. Alle diese Reden erwachsen nämlich aus den Prozessen und deren Umständen und nicht aus den Menschen und Anwälten selbst. Denn wenn die Prozeßmaterie selbst für sich reden könnte, würde niemand einen Redner bemühen. Nun aber werden wir hinzugezogen, damit wir darüber reden sollen, nicht über das, was aus unserer eigenen Überzeugung kommt, sondern über das, was sich aus der Sache und aus dem Prozeßgegenstand herausholen läßt.

Der Text, mit dem der Verdacht abgewehrt werden soll, der Anwalt identifiziere sich mit seinem Mandanten und glaube selbst alles, was er sagt, macht den Eindruck einer folgerichtigen Argumentation. Zweimal wird eine Begründung signalisiert (enim 5, nam 7). Doch sind in Wirklichkeit nur drei Behauptungen aneinandergereiht:

1. Aus unseren Plädoyers kann man nicht unsere wahre Einstellung erkennen (1–4).
2. Alle Plädoyers ergeben sich nur aus der Prozeßmaterie, nicht aber aus der Persönlichkeit des Redners (5–7).
3. Man engagiert uns nur deshalb, damit wir in unseren Plädoyers das sagen, was sich aus der Rechtslage ergibt (7–12).

Bei näherem Hinsehen stellt sich heraus, daß es sich nur um Variationen einer einzigen Behauptung handelt, in der die Bitte steckt, man möchte doch ja aus der Tatsache, daß sich Cicero für einen Mann wie Cluentius einsetzt, keine falschen Schlüsse ziehen. Die Strategie hatte Erfolg: Cicero hat sowohl diesen Prozeß wie auch seine nächste Wahl (zum Prätor) gewonnen. Wie Quintilian (II 17, 21) berichtet, habe er sich später gerühmt:

sē tenebrās offūdisse iūdicibus in causā Cluentiī	er habe im Prozeß gegen Cluentius die Richter hinters Licht geführt.

Wie der Übersetzer im Fall der Catilina-Rede die affekterregenden Stilmittel im Deutschen wiedergeben muß, so wird seine Übersetzung bei dem Abschnitt aus der Cluentius-Rede so sachlich klingen wie das Original, um Ciceros Redeabsicht zu entsprechen.

Übung 41:

Übersetze den Text und löse dabei die unten aufgeführten Aufgaben!

In den Jahren nach Ciceros Konsulat (63 vor Chr.) hat der Volkstribun P. Clodius mit Gewalt, Aufruhr und Bandenterror Roms politisches Leben zeitweise völlig lahmgelegt. Er hat auch dafür gesorgt, daß Cicero wegen der Hinrichtung der Catilinarier für ein Jahr (58/7) in die Verbannung gehen mußte. Gegen Clodius trat der Volkstribun T. Annius Milo mit seinen Gladiatorentrupps auf. Im Januar 52 trafen die beiden mit ihrem Gefolge auf der Via Appia aufeinander. Clodius wurde im Kampf verwundet, dann aber auf Milos Anordnung umgebracht. Als dieser deswegen gerichtlich belangt wurde, übernahm Cicero die Verteidigung, verlor jedoch den Prozeß, so daß Milo in die Verbannung gehen mußte. Die folgende Stelle aus Ciceros Milo-Rede bezieht sich auf die Tatnacht im Januar 52 vor Chr.

Rēs loquitur ipsa, iūdicēs, quae semper valet plūrimum. Sī haec nōn gesta audīrētis, sed picta viderētis, tamen apparēret, uter esset īnsidiātor, uter nihil malī cōgitāret, cum alter veherētur in raedā paenulātus, ūnā sedēret uxor. Quid hōrum nōn impedītissimum? Vestītus an vehiculum an comes? Quid minus prōmptum ad pūgnam, cum paenulā irrētītus, raedā impedītus, uxōre paene cōnstrictus esset? – Vidēte nunc illum, prīmum ēgredientem ē vīllā, subitō: cūr? vesperī: quid necesse est? tardē: quī convenit, praesertim id temporis? „Dēvertit in vīllam Pompēī." Pompēium ut vidēret: sciēbat eum domī nōn esse; vīllam ut perspiceret? mīlliēns in eā fuerat. Quid ergō erat? Mora et tergiversātiō: dum hic venīret, locum relinquere nōluit. (Cicero, Pro Milone 53/54)

Aufgaben:

1. *Welche Personen sind mit den <u>Pronomina</u> ‚uter' (2), ‚alter' (3), ‚illum' (7) und ‚hic' (11) jeweils gemeint?*

2. *Welches <u>Ziel</u> verfolgt der Redner mit seiner Darstellung: Wovon will er die Richter überzeugen?*

3. *Mit welcher <u>Beeinflussungsstrategie</u> sucht er dieses Ziel zu erreichen: Wie stellt er den Tathergang dar?*

Erläuterungen:

īnsidiātor, oris m (īnsidiae 20)	Wegelagerer
raeda, ae f (keltisches Wort)	vierrädriger Reisewagen
paenulātus (a, um)	mit einem Reisemantel bekleidet
vestītus, ūs m	Kleidung
vehiculum, ī n	Fahrzeug
paenula, ae f	Reisemantel
irrētīre	im Netz fangen, verstricken, verwickeln
cōnstringere, strīnxī, strictum	fesseln, festbinden
id temporis	zu der Tageszeit
dēvertere, vertī, versum	absteigen, einkehren
mīlliēns (mīlle 128)	tausendmal, unzählige Male
tergiversātiō, ōnis f (tergum 99, vertere 84, eig. ‚sich drehen und wenden')	Verzögerung, Ausflucht

Vokabeln:

an Fragepartikel	oder (etwa), ob (nicht)
cūr?	warum?
domī Adv.	zu Hause
dum m. Konj. (vgl. dum 88 u. 125)	damit unterdessen
ēgredī, ior, ēgressus sum	hinausgehen, verlassen
impedītus (a, um) (impedīre 63)	gehindert; hinderlich
mora, ae f	Aufschub, Verzögerung
necesse est	es ist notwendig, unausweichlich
nōlle, nōlō (nōn vīs . . .), nōluī	nicht wollen
paene Adv.	beinahe, fast
pingere, pīnxī, pictum	malen
plūrimum Adv. (plūs 108)	am meisten
praesertim (cum)	besonders, zumal (da)
prīmum Adv. (prīmus 110)	zuerst, zum ersten Mal
prōmptus (a, um)	bereit, bequem
pūgna, ae f (pūgnāre 88)	Kampf, Schlacht
quī Adv.	wie, wie denn?
subitō Adv.	plötzlich
tardus (a, um)	langsam, träge
ūnā Adv. (cum)	zusammen (mit), zugleich
uxor, ōris f	Ehefrau
vehī, vectus sum	fahren
vīlla, ae f	Landhaus, Gut

Übung 42:

In einer Rede vor einem Geschworenengericht, das größtenteils aus Senatoren bestand, wendet sich Cicero mit den folgenden Worten an junge Leute, die eine politische Karriere anstreben.

Wie wirken diese Worte auf die Geschworenen? Welche Absicht verbindet Cicero damit? Wodurch unterscheidet sich diese Textfassung von der in Übung 5 S. 23? Beantworte diese Fragen!

Haec est ūna via, mihi crēdite, et laudis et dīgnitātis et honōris, ā bonīs virīs sapientibus et bene nātūrā cōnstitūtīs laudārī et dīligī; nōsse dīscrīptiōnem cīvitātis ā māiōribus nostrīs sapientissimē cōnstitūtam. Quī cum rēgum potestātem nōn tulissent, ita magistrātūs annuōs creāvērunt, ut cōnsilium senātūs reī pūblicae praepōnerent sempiternum, dēligerentur autem in id cōnsilium, quī petēbant, ab ūniversō populō aditūsque in illum summum ōrdinem omnium cīvium industriae ac virtūtī patēret.

(Cicero, Pro Sestio 137)

Erläuterungen:

dīscrīptiō cīvitātis	politische Verfassung
nōsse = (cōg)nōvisse	kennen
annuus (a, um)	jährlich, auf ein Jahr befristet
sempiternus (a, um)	immerwährend, beständig

Übung 43:

In dem folgenden Text wird die Lage der Stadt Vesontio (heute Besançon) beschrieben. Nenne die Merkmale der beschreibenden Gattung und übersetze den Text!

Id oppidum nātūrā locī sīc mūniēbātur, ut māgnam ad dūcendum bellum daret facultātem, propterea quod flūmen Dūbis ut circinō circumductum paene tōtum oppidum cingit. Reliquum spatium, quod est nōn amplius pedum mīlle sescentōrum, quā flūmen intermittit, mōns continet māgnā altitūdine, ita ut rādīcēs eius montis ex utrāque parte rīpae flūminis contingant. Hunc mūrus circumdatus arcem efficit et cum oppidō coniungit.

(Caesar BG I 38, 4–6)

Erläuterungen:

bellum dūcere	den Krieg in die Länge ziehen
Dūbis, is m	Nebenfluß des Arar (Saône), heute ‚Doubs'
circinus, ī m (griech. Wort)	Zirkel
circumdūcere, dūxī, ductum	(im Kreis) herumführen
sescentī, (ae, a)	sechshundert (sex, centum)
rādīx, īcis f	Wurzel

Vokabeln:

amplus (a, um)	weit, geräumig, groß; bedeutend
circumdare, dedī, datum	umgeben
coniungere, iūnxī, iūnctum	verbinden, vereinigen
contingere, tigī, tāctum	berühren; zuteil werden
intermittere, mīsī, missum	unterbrechen
mōns, montis m	Berg
pēs, pedis m	Fuß; als Längenmaß ca. 30 cm
quā Adv.	wo; wohin; wie, auf welche Weise
rīpa, ae f	Ufer

Übung 44:

<u>Übersetze</u> den Text und nenne die <u>Merkmale der erzählenden Textgattung</u>, die sich beobachten lassen!

Tyriī nāvem māgnitūdine eximiā saxīs harēnāque ā puppī onerātam, ita ut multum prōra ēminēret, bitūmine ac sulphure inlitam rēmīs concitāvērunt et, cum māgnam vim ventī vēla quoque concēpissent, celeriter ad mōlem successit. Tum prōrā eius accēnsā rēmigēs dēsiluēre in scaphās, quae ad hoc ipsum praeparātae sequēbantur, nāvis autem īgne conceptō lātius fundere incendium coepit, quod, priusquam posset occurrī, turrēs et cētera opera in capite mōlis posita comprehendit.

(Curtius Rufus IV 3, 2/3)

Erläuterungen:

eximius (a, um)	außerordentlich
puppis, is f	Achterdeck, Heck
onerātus (a, um) (onus 44)	beladen
prōra, ae f	Vorderdeck, Bug
ēminēre, uī	heraus-, hervorragen
bitūmen, minis n	Erdpech, Asphalt
sulphur, ris n	Schwefel
illitus oder inlitus (a, um)	bestrichen, eingeschmiert
rēmex, migis m	Ruderer
dēsilīre, siluī, sultum	herabspringen
scapha, ae f	Beiboot, Kahn
caput mōlis	Molenkopf

Vokabeln:

accendere, cendī, cēnsum	anzünden, anfeuern
caput, pitis n	Haupt, Kopf; Hauptstadt
celer (eris, ere), eris	schnell
coepisse Perf. v. incipere (43)	begonnen haben
comprehendere, hendī, hēnsum	ergreifen; begreifen
concipere, iō, cēpī, ceptum	erfassen, empfangen; auffassen
concitāre, vī, tum	antreiben; aufregen
fundere, fūdī, fūsum	(aus)gießen, zerstreuen, verbreiten
(h)arēna, ae f	Sand
incendium, iī n	Brand, Feuer
lātus (a, um)	weit, breit
mōlēs, is f	1. Masse; 2. Anstrengung
multum Adv.	viel, oft, sehr

opus, eris n	Mauerwerk; Werk, Arbeit
parāre, vī, tum	(vor)bereiten, (sich) verschaffen
praeparāre	vorbereiten
pōnere, posuī, positum	stellen, setzen, legen (in, auf . . .)
priusquam	ehe, bevor
quoque	auch
rēmus, ī m	Ruder(riemen)
saxum, ī n	Fels, Stein
succēdere, cessī, cessum	nachfolgen, nachrücken; hier: herantreiben
turris, is f	Turm
vēlum, ī n	Segel, Tuch
ventus, ī m	Wind

Übung 45:

Die folgende Anekdote dient in einer moralphilosophischen Diskussion als Beispiel für eine bestimmte These über das Verhältnis von Bedürfnis und Genuß:

Apud Lacedaemoniōs cum tyrannus cēnāvisset Dionȳsius, negāvit sē iūre illō nigrō, quod cēnae caput erat, dēlectātum. Tum is, quī illa coxerat: „Minimē mīrum; condīmenta enim dēfuērunt". „Quae tandem?" inquit ille. „Labor in vēnātū, sūdor, cursus ad Eurōtam, famēs, sitis. Hīs enim rēbus Lacedaemoniōrum epulae condiuntur."

(Cicero, Tusc. disp. V 98)

Übersetze den Text und beantworte folgende Fragen:

1. *Was bedeutet die Vokabel ‚ius, iuris n' hier? Durch welche Elemente des Kontextes wird die Bedeutung bestimmt? Welche der Angaben des unten angeführten Lexikonauszuges sind hier also zutreffend?*
2. *Wie lautet die Pointe der Anekdote, wenn man sie allgemeiner, d. h. unabhängig vom Thema ‚Essen und Trinken', formuliert?*

Erläuterungen:

Lacedaemoniī, iōrum m Pl	Einwohner von Lacedaemon (Sparta), Spartaner
Dionȳsius, iī m	der Ältere, seit 406 vor Chr. Herrscher von Syrakus (Sizilien), gest. 367

cenae caput	Hauptgericht, Hauptgang
coquere, coxī, coctum	kochen
condīmentum, ī n	Gewürz, Würze
vēnātus, ūs m	Jagd
sūdor, ōris m	Schweiß, Anstrengung
Eurōtās, ae m	Hauptfluß Lakoniens in der südlichen Peloponnes
epulae, ārum f Pl.	Speisen, Mahlzeit
condīre	würzen

Vokabeln:

cursus, ūs m	Lauf, Kurs
dēesse, sum, fuī	abwesend sein, mangeln; fehlen, im Stich lassen
famēs, is f	Hunger
minimē Adv. (minus 31)	keineswegs, ganz und gar nicht
negāre, vī, tum	verneinen, leugnen, verweigern (sagen, daß nicht . . .)
niger (gra, grum)	schwarz, von dunkler Farbe
sitis, is f	Durst, Dürre
tyrannus, ī m (griech. Wort)	Gewaltherrscher, Tyrann

iūs, iūris n

1. Recht (als Inbegriff von Gesetzen und Verordnungen), Satzung
2. Rechtsanschauungen, Rechtsnormen, Recht
3. Recht als Gegenstand richterlicher Entscheidung
4. Gericht, Gerichtsstätte, Gerichtshof
5. Rechtsformeln der Juristen, Gesetzsammlung
6. rechtliche Befugnis, (persönliches) Recht, Anrecht, Anspruch auf etwas
7. Vorrecht, Vergünstigung, Privileg
8. Gewalt, Macht
9. rechtliche Stellung
10. rechtmäßige, richtige Aussage

iūs, iūris n Brühe, Suppe, Tunke

Textgattungen auf einen Blick

Gattung	Latein	Deutsch
‚Kleine Formen‘: Fabel, Anekdote, Exempel	Dreischritt: 1. Ausgangssituation 2. Wendung des Geschehens 3. Reaktion der Hauptfigur Ausrichtung auf die Pointe (Witz oder Belehrung)	Jeden der drei Schritte in einen Satz, ein Satzgefüge oder eine Satzreihe fassen und mit Konnektoren (Konjunktionen, Adverbien) verknüpfen!
Erzählung, Bericht	Zeitliches Nacheinander: (a) Handlungsgerüst in einer Reihe von Ind.-Perf.-Formen und Part.-Konstr. (PPP) (b) Zugeordnete Umstände und Handlungen im Gliedsatz (cum historicum) und Nominalkonstruktionen	(a) Folge von Hauptsätzen im Präteritum, durch Konnektoren („darauf“, „dann“) verbunden (b) Gliedsätze oder substantivische Wendungen
Beschreibung	Einteilung und Übersicht: Charakterisierung des Ganzen, Gliederung in Teile durch Gliederungssignale (Adverbien, Pronomina, Wortwiederholung)	Teile (Raumbeschreibung) oder Phasen (Handlungsbeschreibung) in getrennten Satzgefügen oder Satzreihen übersetzen, mit Konnektoren verbinden, die den lateinischen Fügewörtern entsprechen
Philosophische Erörterung	Definition und Argumentation: Definition des Gegenstandes, Aufstellung der These (oft in Form einer Antithese), Beweise für die Richtigkeit der These. Gliederung durch logische Konnektoren (nam, autem, itaque, praeterea, non modo . . . sed etiam usw.)	Elemente der Argumentation in der Übersetzung hervorheben: Gegenstand (Wovon ist die Rede?) These (Was wird behauptet?) logische Schritte (Wie ist der Beweisgang?) Unterscheidung von Begründung, Einwand, Folgerung usw.

Gattung	Latein	Deutsch
Politische und Gerichtsrede	Überredungsstrategie: 1. Appell an das Gefühl (Rhetorische Fragen, Ausrufe (exclamatio), Wahl gefühlsbesetzter Wörter)	Nachahmung der Stilmittel des Affektausdrucks, soweit Entsprechungen im Deutschen existieren, Beachtung der Wortwahl
	2. Rhetorische Argumentation (Zuhörer soll die Sache in der vom Redner gewünschten Weise sehen)	Nachahmung der Form der Argumentation in der Übersetzung, Beachtung der Gliederungssignale

Übersicht über die Übungen

1 Grammatisches Pensum in einem Text bestimmen 12
2 Satzbau eines Textes beschreiben 15
3 Satzbau eines Textes beschreiben und Funktion von Reflexivpronomina bestimmen 16
4 Gesperrte Wortstellung erkennen und beim Übersetzen umstellen 19
5 Begriffe eines Textes in Wortfelder einordnen 22
6 Sachinformationen für das Verständnis eines Textes herbeischaffen . . . 26
7 Gedankengang eines argumentierenden Textes beschreiben 29
8 Rhetorische Stilmittel in einem Text erkennen 35
9 Wiedergabemöglichkeiten von Infinitiv-, Partizip- und Gerundiv-Konstruktionen prüfen 38
10 Kombinierte Übersetzungsübung 40
11 Stilistische Textgestaltung beschreiben 41
12 Merkmale der erzählenden Gattung feststellen 43
13 Gesperrte Wortstellung auflösen und Wiedergabemöglichkeiten für lateinische Kasus prüfen 50
14 Komparativformen bestimmen und nach der Funktion unterscheiden . . . 53
15 Komparativ- und Superlativformen bestimmen 55
16 Pronominalformen in einem Text bestimmen 61
17 Form und Funktion von Reflexivpronomina bestimmen 62
18 Bedeutungen von ‚committere‘ unterscheiden 65
19 Bedeutungen von ‚contendere‘ unterscheiden 68
20 Bedeutungen von ‚cōnsulere‘ unterscheiden 70
21 Bedeutungen von ‚persuādēre‘ unterscheiden 72
22 Bedeutungen von ‚monēre‘ unterscheiden 73
23 Bedeutungen von ‚concēdere‘ unterscheiden 75
24 Bedeutungen von ‚reddere‘ unterscheiden 77
25 Bedeutungen von ‚praebēre‘ und ‚praestāre‘ unterscheiden 80
26 Wiedergabemöglichkeiten für finite Verbformen prüfen 82

27 Finite Verbformen bestimmen und Tempusgebrauch erklären 87
28 Finite Verbformen bestimmen und Modusgebrauch erklären 90
29 Wiedergabemöglichkeiten für Partizip- und Gerundiv-Formen prüfen . . . 94
30 Wiedergabemöglichkeiten für Infinitiv-Konstruktionen prüfen 98
31 Gerundium, Gerundivum und Supinum übersetzen 101
32 Wiedergabemöglichkeiten für abhängige Frage- und Begehrungssätze prüfen 103
33 Adverbialsätze mit ‚ut' und ‚cum' unterscheiden und entsprechend übersetzen 106
34 Besonderheiten der Relativsätze erkennen und übersetzen 110
35 Erläuterungssätze (Explikativsätze) erkennen und übersetzen 112
36 Besonderheiten der Negationen erkennen und übersetzen 114
37 Bauform einer Anekdote erkennen und im Deutschen wiedergeben . . . 121
38 Strukturmerkmale einer Erzählung herausarbeiten und im Deutschen wiedergeben 124
39 Gliederungsmerkmale eines beschreibenden Textes feststellen und im Deutschen wiedergeben 127
40 Argumentationsgang eines philosophischen Textes erläutern und im Deutschen wiedergeben 130
41 Redeabsicht und Beeinflussungsstrategie eines rhetorischen Textes feststellen und bei der Übersetzung berücksichtigen 133
42 Redeabsicht in einer Gerichtsrede erkennen 135
43 Merkmale eines beschreibenden Textes feststellen 136
44 Merkmale der erzählenden Gattung feststellen 137
45 Sinn und Zweck einer Anekdotenpointe bestimmen 138

Alphabetischer Index der Lernvokabeln

Die Zahlen bezeichnen die Seite auf der die Vokabel zum ersten Mal vorkommt und zum Lernen angeboten wird. In der Regel wird ihre Kenntnis bei erneutem Vorkommen in einer späteren Übung vorausgesetzt. Vokabeln ohne Nummer sind in der Liste der 100 lektürewichtigsten lateinischen Vokabeln im Lösungsheft zu finden. Sie sind durch Unterstreichung hervorgehoben.

a/ab/abs 78
abesse 84
abire 115
absens 84
absolvere 115
ac 95
accedere 31
accendere 137
accidere 98
accipere
accusare 75
actus 110
acutus 62
ad 55
adesse 43
aditus 23
adiungere 62
adiuvare 107
administrare 68
admirari 98
admodum 12
admonere 73
adulescentia 110
adventus 55
adversarius 107
adversus 80
aedes 27
aedificare 125
aequitas 107
aequūs 20
aetas
afficere 130
ager
agere
alere 51
aliquando 95
aliqui (-qua, -quod) 107
aliquis (-quid) 107
aliquot 17
aliter 99
alius 31
alter 31, 41
altitudo 128
altus 128
ambitio 68
amicitia 84
amicus
amittere 17
amplus 136
an 135
angustus 73
animadvertere 99
animus
annus
ante 78
antea 95
anteponere 75
antiquus 91
apparere 62
appellare 35
apud 84
aqua 84
arbitrari
arduus 20
argumentum 107
arma 63
arx 17
assequi 62
assiduus 122
atque 41
auctoritas
audax 42
audire
aut 41
autem 43
beatus 62
bellare 101
bellum
bene 23
bonus
caedere 43
capere
caput 137
castra
causa
cavere 70
celer 137
cena 12
cenare 12
censere 76
cernere 99
certe 54
certus 41
ceteri 84
cingere 128
circiter 128

circumdare 136
civis 35
civitas
clades 112
clarus 12
cliens 107
coepisse 43
cogitare 107
cognoscere
collis 99
colloquium 87
comes, itis 73
commemorare 87
committere 64
commovere 95
communis 70
comparare 101
complecti 41
comprehendere 137
conari 55
concedere 39, 74
concipere 137
concitare 137
concordia 70
condere 122
condicio 41
conducere 130
conferre 130
conficere 101
confidere 107
confirmare 51
congredi 63
coniungere 136
conscius 112
consensus 95
consequi 42
conservare 35
considerare 41
consilium
consistere 51
constantia 20
constare 99
constituere 23
consuescere 63
consul
consularis 35
consulere 68
contendere 55, 66
contentio 68
contentus 78
continenter 95
continere 20
contingere 136
convenire 63
convivium 12
convocare 122
copia 80
copiae 80
corpus
cottidie 99
creare 23
creber 84
credere
cum Kjtn. wenn 41
als 55
weil 73
cum Präp. 73
cupidus 101
cur 135
curare 103
cursus 139
damnare 115
dare
de 41
debere
decet 110
decipere 113
deesse 139
defendere 66
deinde 125
delectare 12
deligere 23
denique 42
deponere 43
descendere 125
deserere 84
desiderare 130
deterior 63
deus
dexter 27
dicere
dies
difficilis 91
dignitas
diligens 110
diligere 23
discedere 20
discordia 70
disputare 62
dissentire 103
diu 51
divitiae 84
docere 107
doctus 104
dolor 95
domi 135
domus
dubitare 87
dubius 91
ducere 73
dum Kjtn:
solange 88
während 125
damit unterdessen 135
duo 41
dux 73
e/ex 42
efficere 84
ego 78
egredi 135
eicere 107
emere 130
enim 62
eo 130
eodem 113
equidem 62
ergo 130
eripere 35
et 101

etiam 107
envenire 115
evocare 99
excitare 122
exercitus
exiguus 115
exire 73
existimare 39
exitus 99
explorator 20
exponere 110
expugnare 66
exstinguere 35
extra 73
extremus 115
facere
facilis
factio 95
factum 125
facultas 39
fames 139
familiaris 54
femina 51
fer(m)e 42
ferre
 fertus 12
 ferunt 27
fieri
figere 27
filius 88
finis 41
flagitium 110
flumen 51
fortasse 88
fortis 80
fortitudo 73
fortuna
fructus 84
fuga 80
fuisse 113
fundere 137
gaudere 84
gaudium 95
gens 42
genus
gerere
gignere 88
gloria 35
gloriari 88
gravis
habere
(h)arena 137
haud 115
heri 78
hic (haec, hoc) 20
hinc 115
hodie 88
homo
honor 23
horrere 95
hortari 80
hostis
humus 122
iam 15
ibi 95
idem (eadem, idem) 41
idcirco 88
igitur 76
ignis 84
ignorare 104
ille (illa, illud) 54
immortalis 115
impedire 63
impeditus 135
imperare 55
imperitus 62
imperium
impetus 73
imponere 43
imprimis 130
impurus 110
in 88
incendium 137
incipere 43
incola 99
incommodum 107
industria 23
inferi 88
inferre 63
ingenium 107
inimicus 39
iniuria 39
innocens 91
inopia 43
inquit 15
inscribere 84
insidiae 20
instituere 54
institutum 54
instruere 62
intellegere
inter 51
intercludere 99
interesse 84
interficere 35
intermittere 136
interrogare 43
intra 51
intrare 95
invenire 27
invidia 42
invitus 113
ipse (a, um) 107
is (ea, id) 76
iste (ista, istud) 110
ita 42
itaque 73
item 63
iter 39
iubere
iucundus 13
iudex
iudicare 104
iudicium
iugum 39
ius
iustitia 130
labor
laedere 76

laetitia 95
laetus 78
latus (a, um) 137
latus, teris 27
laudare 23
laus 23
lavare 51
legatio 35
legatus
legere 78
legio 56
lex
liber, bri 78
liber (era, erum) 108
liberare 44
libertas 35
licet 39
lignum 44
littera 27
litterae
locare 131
locus
longus
loqui 108
ludus 95
lumen 36
magis 130
magistratus 23
magnitudo 125
magnus
maior 41
maiores 23
male 55
malum 42
malus 56
manere 51
manus
maturare 56
maximus 51
me 78
medius 95
melior 54
meminisse 17
memoria 39
mens 20
merito 113
metiri 41
meus 54
mihi 78
miles 20
mille 128
minime 139
minor 41
minus 31
mirus 125
miseria 44
mittere
modus
moenia 73
moles 137
momentum 108
monere 73
mons 136
mora 135
mori 115
mors 44
mos 54
multitudo 62
multo 76
multum 137
multus
munire 99
munitio 80
murus 66
nam 15
nasci 41
natio 42
natura 23
navis
nē 66
nē ... quidem 115
-ne ... an 80
nec 99
necessarius 131
necesse est 135
negare 139
neglegere 36
nemo 104
neque 62
neque enim 115
neque vero 115
nervus 51
niger 139
nihil 110
nimis 108
nisi 17
nobilis 56
nobis 84
nocere 115
nolle 135
nomen
non 84
non modo ... sed etiam 91
non solum ... sed etiam 13
non solum ... verum etiam 110
nondum 20
noniam 99
nonne 91
nos 84
noster 24
novus
nudare 99
nudus 51
nullus 39
num 113
numerus 27
numquam 17
nunc 91
nuntiare 56
oblivisci 113
obses 63
obsidēre 128
occĭdere 88
occīdere 39
occultus 51
occupare 99
occurrere 108
oculus 101

officium 80
olim 88
omnino 56
omnis
onus 44
opera 17
opinari 76
opinio 76
oportet 63
oppidum
opes 122
ops 122
optare 76
optimus 54
opus 138
opus est 31
ordo 24
ornare 62
ostendere 20
otium 41
pacare 42
paene 135
par 95
parare 138
pars
partes 70
parvus 41
passus, us 128
patefacere 95
pater
patere 24
pati 36
patria 88
patrius 88
pauci 73
paulo 78
pax 42
pellere 39
pendēre 63
pendere 63
per 20
perdere 17, 76
perfuga 99
periculum
permittere 76
pernicies 68
perscribere 104
persequi 108
persona 108
perspicere 20
persuadere 71
perterrere 44
pertinere 41
perturbare 80
pervenire 56
pes 136
petere
pingere 135
planus 128
plerique 108
plerumque 84
plures 84
plurimi 84
plurimum 135
plus 108
ponere 138
pons 56
pupularis 95
populus
posse
post Adv. 17
postero die 13
postremo 73
postridie 13
potens 101
potestas 24
potiri 73
potissimum 76
potius 76
prae 88
praebere 78
praeclarus 42
praeficere 91
praemittere 110
praeponere 24
praesentia 13
praesertim 135
praesidium 131
praestare 73, 78
praestat 68
praeter 62
praeterire 110
preces, um 66
primum 135
primus 110
princeps 13
prior 27
prius 125
priusquam 138
pro 73
producere 110
proelium 66
profecto 54
proferre 95
proficisci 56
promptus 135
prope 56
propterea 39
provincia
proximes 95
proximus 31
publicus
pueritia 110
pugna 135
pugnare 88
pulcher 36
purus 110
putare
quā 136
quaerere 99
qualis 88
quam b. Vergleich 31, 113
quantus 20
quare 113
quemadmodum 63
qui (quae, quod) 78
quī 135
quia 27
quidam 41

quidem 13, 115
quin 99
quis (quid) 88, 108
quisquam 42
quisque 68, 108
quisquis (quidquid) 108
quō 84
quod Kjtn:
weil 20
daß 113
quod si 113
quoniam 63
quoque 138
quoquo 84
rarus 27
ratio 70
recens 113
recipere 17
rectus 104
reddere 63, 76
redire 44
reditus 95
referre 104
regnum 101
relinquere
reliquus 128
remus 138
reperire 108
res
res publica
resistere 42
respicere 41
respondere 64
retinere 17
rex
ripa 136
rogare 17
rusticus 122
sacerdos 125
saepe 68
salus 71
sapiens 24
saxum 138
scelus 131
scire
scribere
se 54
secreto 101
secundus 104
sed 95
sedere 95
seditio 71
semper 24
senatus
senectus
senex
sententia 62
sentire 71
sequi 104
sermo 131
servare 20
servire 41
severus 71
si 62
sibi 39
sic 36
significare 104
signum
silva 44
similis 110
simul 108
sin 108
sine 39
sitis 139
socius
sol 41
solere
solus 73
somnium 125
spatium 128
species 80
spectare 95
statim 20
studere 51
studium
stultus 31
subicere 62
subigere 122
subito 135
succedere 138
sui 110
sumere 108
summa imperii 91
summus
superare 64
superbus 36
superior 99
supplicium 36
suscipere 62
sustinere 73
suus 76
talis 88
tam 113
tamen 17
tandem 76
tantum 41
tantus 36
tardus 135
te 76
tegere 51
telum 88
temperare 39
templum 27
temptare 64
tempus
tenere
tergum 99
terra
tertius 104
theatrum 95
tibi 76
timere 99
tollere
totus
tradere 36
tres 101
triginta 15
tu 76
tueri 36

tulisse 113
tum 44
tunc ... tum 62
tunc 99
turpis 36
turris 138
tutus 73
tuus 78
tyrannus 139
ubi: sobald 56
ulcisci 36
ullus 39
ulterior 56
umbra 88
umquam 115
una 135
undique 73
universus 24
unus 24
urbs
usque 99
ut Kjtn:
  daß 64
  damit 84
  so daß 128
  wie 84
uter 115
uterque 41
ūtī
utinam 91
utrum ... an 76
uxor 135
valere 88
vehi 135
vel 71
velle
velum 138
velut 62
vendere 131
venire
ventus 138
verbum 27
vere 41
vereri 20
vero 54
versari 73
vertere 84
verus 15
vesper 88
vester 36
vetus 27
vexare 76
via 24
vicinus 122
victoria 42
videre
videri
viginti 15
villa 135
vincere 64
vinculum 36
violare 36
vir
virtus
vis
vita
vivere
vivus 115
vix 84
vobis 91
vocare 122
voluntas 39
voluptas 84
vos 91
vox 44
vultus 95

Eberhard Hermes / Gerd-Reiner Mayer

Training Latein

Übersetzungsübungen

Ab dem 4. Lernjahr

Lösungsheft

Ernst Klett Verlag
Stuttgart München Düsseldorf Leipzig

Beilage zu 3-12-922123-9

Inhalt:

Zu diesem Lösungsheft 4
Die hundert lektürewichtigsten lateinischen Vokabeln 5
Übung 1 (Lösung) 8
Übung 2 (Lösung) 8
Übung 3 (Lösung) 9
Übung 4 (Lösung) 10
Übung 5 (Lösung) 10
Übung 6 (Lösung) 11
Übung 7 (Lösung) 12
Übung 8 (Lösung) 12
Übung 9 (Lösung) 13
Übung 10 (Lösung) 14
Übung 11 (Lösung) 15
Übung 12 (Lösung) 16
Übung 13 (Lösung) 18
Übung 14 (Lösung) 18
Übung 15 (Lösung) 19
Übung 16 (Lösung) 20
Übung 17 (Lösung) 20
Übung 18 (Lösung) 21
Übung 19 (Lösung) 21
Übung 20 (Lösung) 21
Übung 21 (Lösung) 21
Übung 22 (Lösung) 22
Übung 23 (Lösung) 22
Übung 24 (Lösung) 22
Übung 25 (Lösung) 22
Übung 26 (Lösung) 23
Übung 27 (Lösung) 24
Übung 28 (Lösung) 25
Übung 29 (Lösung) 26
Übung 30 (Lösung) 26
Übung 31 (Lösung) 27
Übung 32 (Lösung) 28
Übung 33 (Lösung) 28
Übung 34 (Lösung) 30
Übung 35 (Lösung) 30
Übung 36 (Lösung) 31
Übung 37 (Lösung) 32
Übung 38 (Lösung) 33
Übung 39 (Lösung) 33
Übung 40 (Lösung) 34
Übung 41 (Lösung) 35
Übung 42 (Lösung) 36
Übung 43 (Lösung) 37
Übung 44 (Lösung) 37
Übung 45 (Lösung) 38

Zu diesem Lösungsheft

Der Lernerfolg mit ‚Training Latein' hängt davon ab, wie man dieses Lösungsheft benutzt. Die Übungen sollen der Anwendung des erworbenen Wissens und der Überprüfung der eigenen Fortschritte dienen. Doch erfüllen sie diesen Zweck nur, wenn der Benutzer das Lösungsheft erst dann zur Hand nimmt, nachdem er sich genug Mühe gegeben hat, die gestellten Aufgaben selbständig zu bearbeiten. Wenn er seine Arbeitsergebnisse mit den Lösungen dieses Heftes vergleicht, muß er allerdings zwischen Übersetzungen und andersartigen Aufgaben unterscheiden. Wenn gefragt wird, welche grammatischen Erscheinungen in einem Text vorkommen (Übung 1), wo zusammengehörige Satzglieder durch andere Satzteile voneinander getrennt sind (Übung 4) oder ob es sich bei einem Reflexivpronomen um direkten oder indirekten Bezug handelt (Übung 17), darf jeweils eine richtige Antwort erwartet werden. Wenn aber ein Text übersetzt werden soll, sind mehrere deutsche Versionen möglich und ‚richtig', von denen nur eine im Lösungsheft angeführt werden kann. Trotzdem ist es möglich, genau zu sagen, was an einer Übersetzung ‚falsch' ist. Dazu ein Beispiel:

Die Partizipkonstruktion des Satzes ‚Metellus animō commōtus laetitiam suam ... nōn patefēcit' (Übung 29) ist in der Lösung durch einen substantivischen Ausdruck wiedergegeben („Trotz seiner großen inneren Bewegung verriet Metellus seine Freude ... nicht"). ‚Richtig' wäre auch die Übersetzung durch einen Gliedsatz („Obwohl Metellus innerlich tief bewegt war ..."). Würde der Übersetzer jedoch statt des konzessiven Gliedsatzes einen kausalen wählen („Weil Metellus innerlich bewegt war ..."), dann wäre sie falsch und Beweis eines mißlungenen Textverständnisses. Denn es kann nicht die logische Folge großer Gefühlserregung sein, daß man seine Freude bei sich behält.

Der Benutzer wird also finden, daß seine eigene Übersetzung von der im Lösungsheft angeführten Version in der Regel abweicht. Trotzdem muß er aber unterscheiden können, ob er nur eine andere Wiedergabemöglichkeit gewählt oder einen Fehler gemacht hat. Diese Unterscheidung wird er treffen können, wenn er die Lösungen der übrigen Aufgaben, die zu demselben Text gestellt sind, heranzieht. Diese Aufgaben und Fragen haben nämlich meist bestimmte Merkmale des Textes zum Gegenstand, an denen der Benutzer sein Textverständnis überprüfen und erkennen kann, ob er beim Übersetzen einen Fehler gemacht hat.

Die hundert lektürewichtigsten lateinischen Vokabeln:

	accipere, iō, cēpī, ceptum	annehmen, vernehmen, erfahren
	aetās, tātis f	Lebensalter, Zeitalter
	ager, grī m	Acker, Feld, Gebiet
	agere, ēgī, āctum	treiben, betreiben, handeln
5	amīcus, ī m	Freund; adj. befreundet
	animus, ī m	Geist, Seele, Mut
	annus, ī m	Jahr
	arbitrārī, or, ātus sum	meinen, glauben
	auctōritās, tātis f	Einfluß, Ansehen, Macht
10	audīre, vī, tum	hören
	bellum, ī n	Krieg
	bonus (a, um)	gut
	capere, iō, cēpī, captum	nehmen, fassen, fangen
	castra, ōrum n Pl	Lager
15	causa, ae f	Ursache, Streitsache, Rechtsfall
	cīvitās, tātis f	Staat, Gemeinde; Bürgerrecht
	cōgnōscere, gnōvī, gnitum	erkennen, erfahren
	cōnsilium, iī n	Rat, Plan; Beratung; Beschluß
	cōnsul, lis m	Konsul (Inhaber der Regierungsgewalt)
20	corpus, poris n	Körper (auch: Leichnam)
	crēdere, didī, itum	glauben, anvertrauen
	dare, dō, dedī, datum	geben
	dēbēre, uī, itum	sollen, müssen, schulden
	deus, ī m	Gott
25	dīcere, dīxī, dictum	sagen, sprechen; behaupten, nennen
	diēs, eī m/f	Tag (m); Termin (f)
	dīgnitās, tātis f	Würde, Rang; Amt
	domus, ūs f	Haus
	exercitus, ūs m	Heer
30	facere, iō, fēcī, factum	tun, machen, herstellen
	facilis (e), is	leicht (zu tun)
	ferre, ferō, tulī, lātum	tragen, bringen; ertragen
	fierī, fiō, factus sum	werden, geschehen, gemacht werden
	fortūna, ae f	Schicksal, Glück

35	genus, eris n	Geschlecht, Art
	gerere, gessi, gestum	tragen, führen, ausführen
	gravis (e), is	schwer
	habēre, uī, itum	haben, halten; halten für
	homō, minis m	Mensch, Mann
40	hostis, is m	Feind
	imperium, iī n	Befehlsgewalt, Herrschaft(sgebiet)
	intellegere, lēxī, lēctum	bemerken, verstehen
	iubēre, iussī, iussum	befehlen, anordnen
	iūdex, iūdicis m	Richter
45	iūdicium, iī n	Gericht, Urteil
	iūs, iūris n	Recht
	labor, ōris m	Arbeit, Anstrengung, Not
	lēgātus, ī m	Bevollmächtigter, Gesandter; Legat, Legionskommandeur
	lēx, lēgis f	Gesetz
50	litterae, ārum f Pl	Brief, Wissenschaft(en), Literatur
	locus, ī m	Ort, Platz, Stelle
	longus (a, um)	lang, weit; lange
	māgnus (a, um)	groß
	manus, ūs f	Hand, (Handvoll:) Schar
55	mittere, mīsī, missum	schicken, gehen lassen
	modus, ī m	Maß, Weise, Art
	multus (a, um)	viel, zahlreich; Pl viele
	nāvis, is f	Schiff
	nōmen, minis n	Name, Begriff
60	novus (a, um)	neu
	omnis (e), is	jeder, ganz; Pl alle
	oppidum, ī n	Stadt, Festung
	pars, partis f	Teil, Seite; Pl Partei
	pater, patris m	Vater; Pl Vorfahren
65	perīculum, ī n	Gefahr
	petere, tīvī, tītum	streben nach, bitten
	populus, ī m	Volk, Staatsvolk
	posse, possum, potuī	können; Einfluß haben, gelten
	prōvincia, ae f	Amtsbereich, Provinz
70	pūblicus (a, um)	öffentlich, staatlich
	putāre, vī, tum	rechnen, meinen, halten für
	relinquere, līquī, lictum	zurücklassen, verlassen
	rēs, reī f	Sache, Gegenstand, Angelegenheit
	rēs pūblica, reī pūblicae f	Gemeinwesen, Staat
75	rēx, rēgis m	König

	scīre, vī, tum	wissen, kennen
	scrībere, scrīpsī, scrīptum	schreiben
	senātus, ūs m	Senat, Staatsrat
	senectūs, tūtis f	Alter, Greisenalter
80	senex, senis m f	alt; Subst. Greis, Greisin
	sīgnum, ī n	Zeichen, Merkmal; Feldzeichen
	socius, iī m	Gefährte, Bundesgenosse; adj. gemeinschaftlich
	solēre, solitus sum	gewohnt sein, pflegen
	studium, iī n	Vorliebe, Bemühung, Beschäftigung
85	summus (a, um)	oberster, höchster
	tempus, poris n	Zeit
	tenēre, uī	halten, besitzen
	terra, ae f	Erde, Land
	tollere, tollō, sustulī, sublātum	emporheben, aufheben, beseitigen
90	tōtus (a, um); Gen. tōtīus, Dat. tōtī	ganz
	urbs, urbis f	Stadt, (die Stadt:) Rom
	ūtī, ūtor, ūsus sum	gebrauchen, umgehen mit; benützen
	velle, volō, voluī (Praes: vīs, vult, vultis)	wollen
	venīre, vēnī, ventum	kommen
95	vidēre, vīdī, vīsum	sehen
	vidērī, vīsus sum	scheinen
	vir, virī m	Mann
	virtūs, tūtis f	Tüchtigkeit, Tapferkeit, Tugend
	vīs (vim, vī) f	Kraft, Macht, Gewalt
	Pl vīres, vīrium f	Kräfte, Streitkräfte
	vīta, ae f	Leben, Lebensweise
100	vīvere, vīxī, vīctum	leben

Übung 1 (Lösung):

Grammatische Erscheinungen:

Abl. Separ. –
Lok. Athēnīs (Ort), posterō diē (Zeit) ↔ in praesentiā (Zeit: „im Augenblick")
Instr. eō convīviō (Mittel)

Gliedsätze mit ‚cum':
cum hist. cum . . . cēnāvisset . . . dēlectātus esset vīdissetque

Zeitverhältnis: Vorzeitigkeit

Infinitivkonstruktion: NcI (Tīmotheus . . . dīxisse fertur)

Als Timotheus, ein zu Athen berühmter Mann und Vorsteher des Gemeinwesens, bei Platon gespeist hatte, von diesem Mahl sehr angetan war und ihn am nächsten Tag wieder gesehen hatte, soll er gesagt haben: „Eure Gastmähler sind nicht nur, wenn man ihnen beiwohnt, sondern auch noch am nächsten Tag erfreulich."

Übung 2 (Lösung):

Satzbau:

Hauptsatz	Ergänzung: Direkte Rede	Abl. abs.	AcI
Cicerō . . .			
		Fabiā dīcente	
			trīgintā sē annōs habēre
	„Vērum est . . .		
inquit			
	nam hoc illam iam vīgintī annōs audiō."		

Als Fabia behauptete, sie sei dreißig Jahre alt, erwiderte Cicero: „Das stimmt, denn das höre ich von ihr schon zwanzig Jahre lang."

Übung 3 (Lösung):

Satzbau:

Hauptsatz (Ergänzung: Direkte Rede)	Gliedsatz erster Ordnung	Gliedsatz zweiter Ordnung	AcI
(Maximus)			
	cum . . . id oppidum recēpisset rogāretque eum Līvius,		
		ut meminisset	
			operā suā sē Tarentum recēpisse
„Quidnī", inquit, meminerim? Numquam enim recēpissem),			
	nisī tū perdidissēs".		

Reflexivpronomen:

suā: verweist auf Līvius (übergeordnetes Subjekt: indirektes Refl.-Pron.)

sē: verweist auf Maximus (Subj. des ut-Satzes: direktes Refl.-Pron.)

Als Tarent verloren gegangen war, hielt Livius trotzdem die Burg und lieferte von ihr aus viele glänzende Gefechte. Als Maximus einige Jahre später die Stadt wieder zurückgewonnen hatte und Livius ihn bat, daran zu denken, daß er durch seinen Einsatz Tarent wieder eingenommen habe, erwiderte er: „Warum sollte ich nicht daran denken? Schließlich hätte ich es ja nicht wieder eingenommen, wenn du es nicht aufgegeben hättest."

Übung 5 (Lösung):

Bedeutungen von ‚cōnstituere':

1. In dem Ausdruck ‚bonī virī sapientēs et bene nātūrā cōnstitūtī' bezeichnet das Wort eine menschliche Eigenschaft, und zwar gute natürliche Anlagen: „veranlagt, begabt"

2. In dem Ausdruck ‚dīscrīptiō cīvitātis ā māiōribus nostrīs sapientissimē cōnstitūta' ist damit eine Qualität der römischen Verfassung gemeint, welche auf die Leistung der Vorfahren zurückgeht: „geschaffen, eingerichtet"

Übung 4 (Lösung):

Pronominale Attribute:

Vor dem Bez.-Wort	Hinter dem Bez.-Wort
hāc rē quā dē causā	mīlitibus suīs

Sperrungen:

Zusammengehörige Satzglieder	Zwischengestellte Satzglieder
hāc rē . . . cōgnitā: Abl. abs.	Adv. Best. (statim, per explōrātōrēs), Subjekt (Caesar)
quod . . . nōndum perspexerat: kausaler Nebensatz	quā dē causā discēderent (Abh. Fragesatz)
quantum . . . bonī: Genitivattr. u. Beziehungswort	Prädikat (habēret), adv. Best. (in sē)
aequam . . . mentem: Adjekt. Attr. u. Beziehungswort	Prädikat (mementō servāre), Adv. Best. (rēbus in arduīs)

Indirekte Fragesätze:

Vor dem übergeordneten Verb	Hinter dem übergeordneten Verb
quā dē causā discēderent (nōndum perspexerat)	(ostendit), quantum habēret in sē bonī cōnstantia

1. Als Caesar dies umgehend durch seine Späher erfahren hatte, fürchtete er eine Falle, weil er noch nicht durchschaut hatte, warum sie abmarschierten, und hielt deshalb das Heer im Lager zurück.
2. Caesar stellte seinen Soldaten vor Augen, wieviel Gutes die Fähigkeit zum Durchhalten für sich habe.
3. Vergiß nicht, in schwieriger Lage Gelassenheit zu bewahren!

Politisches Vokabular:

Volk	Staat	Regierungs- organe	Macht und Einfluß
māiōrēs nostrī bonī virī ūniversus populus omnēs cīvēs	dīscrīptiō cīvitātis rēs pūblica	magistrātūs annuī cōnsilium senātūs summus ōrdō	rēgum potestās dīgnitās honor laus

Dies ist der einzige Weg zu Ruhm, gesellschaftlicher Geltung und einem politischen Amt, von trefflichen Männern, die vernünftig und von der Natur wohl ausgestattet sind, gelobt und geschätzt zu werden; die Verfassung des Gemeinwesens zu kennen, die von unseren Vorfahren auf sehr kluge Weise eingerichtet wurde; da diese die Machtausübung der Könige nicht ertragen haben, wählten sie Regierungsbeamte für je ein Jahr, und zwar so, daß sie die ständige beratende Körperschaft des Senats an die Spitze des Staates stellten, in diese Körperschaft aber die Vertreter vom ganzen Volk gewählt wurden und der Zugang zu diesem höchsten Stand für den Einsatz und die Tüchtigkeit aller Bürger offen war.

Übung 6 (Lösung):

Ein uraltes Gesetz ist in altertümlichen Buchstaben und Worten aufgeschrieben, daß derjenige, welcher der ranghöchste Beamte ist, am 13. September einen Nagel einschlagen soll; es war an der rechten Seite des Tempels des Juppiter Optimus Maximus angeschlagen, wo sich der Minerva-Tempel befindet. Dieser Nagel soll, weil es in jenen Zeiten kaum Aufzeichnungen gab, das Zeichen für die Jahreszahl gewesen sein. Und das Gesetz ist deshalb dem Minerva-Tempel geweiht worden, weil die Zahl eine Erfindung der Minerva ist.

Vergleich:

Livius erwähnt zusätzlich, daß das Gesetz, welches für jeden 13. September das Einschlagen eines Nagels anordnete, der Göttin Minerva geweiht war. Denn diese sei die Erfinderin der Zahl und des Zählens. Kennzeichnend für die antike Religiosität ist also die Tatsache, daß man menschliche Erfindungen bzw. übliche Praktiken – wie hier das Zählen der Jahre – auf göttliche Stiftung zurückführt und ihnen damit Rechtfertigung und eine höhere Weihe verlieh.

Übung 7 (Lösung):

Textgattung:

7. Begriffsdefinition (was ist ein ‚sapiēns', was ein ‚stultus'?)

Aufbau des Textes:

Die Parallelen im Satzbau (veniat in mentem – in mentem venit – venit in mentem; cui ... quod ... cui – cui ... quī ... quod) machen darauf aufmerksam, daß hier etwas verglichen wird. Die Überkreuzstellung (Chiasmus) der Glieder betont den Gegensatz (contrā est):

sapientissimum (am klügsten) ✕ minus ... stultus (weniger dumm)
proximē accēdere (an 2. Stelle) ✕ quam ille (am dümmsten)

Der Aufbau des Textes spiegelt also den Gedankengang:

(1) Klugheit:
(1.1) Am klügsten ist, wem selbst das Nötige einfällt.
(1.2) An zweiter Stelle kommt derjenige, der auf kluge Einfälle eines anderen hört.

(2) Dummheit:
(2.1) Wem selbst nichts einfällt, steht erst an zweiter Stelle.
(2.2) Dümmer ist jedoch derjenige, der die dummen Einfälle eines anderen gut findet.

Man sagt, am klügsten sei derjenige, dem das Nötige selbst einfällt, am nächsten komme ihm aber derjenige, der den guten Einfällen eines anderen folgt. Bei der Dummheit ist es umgekehrt: Weniger dumm ist nämlich, wem gar nichts einfällt, als derjenige, welcher dem dummen Einfall eines anderen zustimmt.

Übung 8 (Lösung):

Rhetorische Stilmittel:

Metapher: tōtīus Graeciae lūmen exstīnctum ... (2)

Klimax: vinculīs ac verberibus atque omnī suppliciō excruciātum (3/4)

Hendiadyoin: tuērī et cōnservāre (9)

Anapher: illī ... vōs ... illī ...vōs ... (4–6)

Alliteration: verbō violātum (6)

Antithese: ut illīs pulcherrimum ... sīc vōbīs turpissimum ... (7–9)

Chiasmus: illī lībertātem imminūtam ...
vōs ēreptam vītam ... (4/5)

Rhetorische Frage: vōs eum rēgem inultum esse patiēmini ...? (2–4)
vōs ēreptam vītam neglegētis? (5)
vōs lēgātum omnī suppliciō interfectum relinquētis? (6/7)

Parallelismus: Die drei rhetorischen Fragen haben den gleichen Satzbau (Subj. vōs – Ergänzung im Akk. oder AcI – Prädikat in der 2. Pers. Plur. Ind. Futur I)

Nur weil man Gesandte allzu sehr von oben herab begrüßt hatte, wollten eure Vorfahren Korinth, das Glanzlicht von ganz Griechenland, ausgelöscht sehen. Ihr aber wollt einen König ohne Strafe davonkommen lassen, der einen Gesandten des römischen Volkes von konsularischem Rang durch Fesseln und Auspeitschung und jede Art von Folter zu Tode gebracht hat? Jene haben es nicht hingenommen, wenn die Freiheit römischer Bürger eingeschränkt wurde. Ihr aber wollt übersehen, wenn man ihnen sogar das Leben nimmt? Jene haben mit Verfolgung reagiert, wenn die diplomatische Unverletzlichkeit nur durch ein Wort verletzt wurde. Ihr aber wollt es hingehen lassen, wenn ein Gesandter unter allen erdenklichen Foltern ermordet wurde? Seht zu, daß es nicht, wie es für jene die allerschönste Tat war, euch eine ruhmvolle Herrschaft zu hinterlassen, für euch womöglich die größte Schande wird, das Erhaltene nicht schützen und bewahren zu können!

Übung 9 (Lösung):

Aufgaben:

1. Das Subjekt in dem von ‚dīcerent‘ (1) abhängigen AcI (sibi esse in animō) lautet: sine ūllō maleficiō iter per prōvinciam facere („sie hätten vor, ohne jeden Übergriff durch die Provinz zu marschieren“, „der Marsch durch die Provinz sei ihnen im Sinne“)
2. Indikativ bei ‚memoriā tenēbat‘ („er dachte daran, daß der Konsul L. Cassius getötet und sein Heer von den Helvetiern geschlagen worden war“)

Konjunktiv bei ‚dīcerent' („welche sagen sollten, daß sie im Sinne hätten . . ."); bei ‚putābat' („er glaubte nicht, daß er es ihnen erlauben dürfe"); bei ‚exīstimābat' („er vermutete, daß sie sich nicht von Unrecht und Übergriffen zurückhalten würden")

3. Gliedsatz für den Abl. abs. ‚datā facultāte . . .': Bedingungssatz („falls sie die Möglichkeit hätten . . .")

4. Verbalsubstantiv: „bei erteilter Erlaubnis, durch die Provinz zu marschieren . . ."

Die Helvetier schick(t)en Gesandte zu Caesar, welche vorbringen sollten, daß sie vorhätten, ohne irgendeinen Übergriff durch die Provinz zu marschieren, weil sie keinen anderen Weg zur Verfügung hätten. Sie bäten deshalb, daß ihnen dies mit seiner Zustimmung zu tun erlaubt sei.
Weil Caesar daran dachte, daß der Konsul Lucius Cassius von den Helvetiern getötet und sein Heer geschlagen und unter das Joch geschickt worden war, glaubte er, es ihnen nicht gestatten zu dürfen. Er nahm nämlich an, daß Menschen von feindlicher Gesinnung sich, wenn man ihnen die Erlaubnis geben würde, ihren Weg durch die Provinz zu nehmen, nicht von Unrecht und Missetat zurückhalten würden.

Übung 10 (Lösung):

Aufgaben:

1. Nebensätze:

Text	Art des Nebensatzes	Übergeordnetes Wort
quā . . . continentur	Relativsatz	alteram . . . vērē pūblicam
in quā . . . cum sōle mētīmur	Relativsatz	alteram . . . vērē pūblicam
cui nōs adscrīpsit . . .	Relativsatz	alteram
quae nōn ad omnēs pertineat . . .	Relativsatz	haec . . . erit . . .
cum cōnsīderāmus . . .	Temporalsatz (cum iterativum: „jedesmal, wenn . . .")	huic . . . servīre possumus

2. Kontextbedeutung von ‚(rem) vērē pūblicam': Es ist von zwei Arten von ‚Staat, Gemeinwesen' die Rede, von ‚rēs pūblica' im üblichen Sinn ab Zeile 4 (‚Staat der Athener', ‚der Karthager' oder der Angehörigen irgendeiner Stadt, z. B. Roms). Die metaphorische Bedeutung von ‚rēs pūblica', d. h. das All als ‚Staat' des ‚Weltbürgers', wird von der üblichen Bedeutung durch das Adverb ‚vērē' abgegrenzt.

3. Unterschied der Synonyme: ‚Rēs pūblica' ist der ‚Staat' als äußere Form des Gemeinwesens, ‚cīvitās' die Gesamtheit der in ihm wohnenden Bürger (cīvēs), während ‚urbs' die Stadt bezeichnet, in der dieses Gemeinwesen zu Hause ist (Athen, Karthago oder Rom).

4. Gegensatz:

alteram (1)	⟷	alteram (4)
nōn ad hunc angulum aut ad illum (2/3)	⟷	sed terminōs . . . cum sōle mētīmur (3/4)
nōn ad omnēs pertineat (6)	⟷	sed ad certōs (6)
māiōrī (7/8)	⟷	minōrī (7)

Zwei Staaten umfassen wir im Geist, einen großen und wahrhaft öffentlichen, in dem Götter und Menschen zusammenwohnen, in dem wir nicht in diese oder jene Ecke schauen, sondern die Grenzen unserer Bürgergemeinde mit der Sonne abmessen; einen zweiten aber, den uns unsere Geburt zugewiesen hat. Dieser wird entweder der Staat der Athener sein oder jener der Karthager oder der irgendeiner anderen Stadt, der nicht für alle Menschen, vielmehr nur für bestimmte Menschen gilt. Manche sind für beide Staaten gleichzeitig tätig, den größeren und den kleineren, manche nur für den kleineren, manche nur für den größeren. Diesem größeren Staat können wir auch in der Muße dienen, immer dann, wenn wir über die Tugend philosophieren, über das höchste Gut und das größte Übel, über die Ursachen der Dinge.

Übung 11 (Lösung):

Aufgaben:

1. Sperrungen: est . . . cōnsecūta (Zusammengesetzte Perfektform durch Zwischenstellung des Subjekts ‚invidia cīvium' getrennt)

   est . . . retinenda (Kopula und Prädikatsnomen [Gerundivum] durch Zwischenstellung der adv. Best. ‚in rē pūblicā' getrennt)

   Endstellung des Subjekts: medicina (Betonung der Forderung, daß man im Staat Mittel zur Abwehr solcher Gefahren behalten muß)

2. Gegensatz: Durch die Einleitungswörter ‚externa (bella)' und ‚domesticīs (malīs)' markiert. Den Perfektformen ‚exstīncta sunt' und ‚nōn est ... cōnsecūta' (Vergangenheit) stehen die Gerundivformen ‚resistendum' und ‚retinenda' (Zukunft) gegenüber.

3. Trikolon: rēgum, gentium, nātiōnum (1)

Metaphern: bella exstīncta (Kriege ‚ausgelöscht')
medicina (‚Arznei', Abhilfe)

Alliteration: **p**ācātōs esse **p**atiāmur, **c**īvium **c**ōnsiliīs, **r**esistendum ... rē pūblicā **r**etinenda ...

Die auswärtigen Kriege mit Königen, Völkern und Stämmen sind schon lange beendet, so daß wir ausgezeichnet mit denen auskommen, die wir in Frieden leben lassen. Auch hat schließlich ein Sieg im Kriege nicht zur Folge, daß sich der Neid von Mitbürgern auf jemanden richtet. Oft aber muß man nun innenpolitischen Mißständen und den Plänen verwegener Mitbürger entgegentreten, und deshalb muß an einer Abhilfe gegen solche Gefahren in der Politik festgehalten werden.

Übung 12 (Lösung):

Ein alter Mann hatte im Wald Holz geschlagen und trat, nachdem er sich das Bündel auf die Schultern gelegt hatte, den Heimweg an. Als er nun von der Last und dem Weg ermüdet war, legte er das Holz ab, betrachtete bei sich das Elend des Alters und der Armut und rief mit lauter Stimme den Tod herbei, damit er ihn von allen Übeln befreie. Sogleich war der Tod da und fragte den alten Mann, was er wolle. Da erschrak der alten Mann und sagte: „Ich möchte, daß du mir dieses Bündel Holz auf die Schultern legst."

Gattungsmerkmale:

Die Perfektreihe gibt den Haupterzählstrang, d. h. das Handlungsgerüst, wieder. Weniger wichtige Handlungsteile und Begleitumstände werden durch Partizipkonstruktionen eingegliedert. Ereignisse, die vor der erzählten Zeit liegen, werden im Plusquamperfekt angeführt. Von den Gliedsätzen ist der Satz mit ‚cum historicum' (im Konjunktiv) für die Erzählung kennzeichnend.

Aufgaben 1. und 2.:

Hauptsätze		Partizipkonstruktionen	Gliedsätze
Zugeordnete Tempora	Perfektreihe		
senex . . . līgna cecīderat		fasce . . . sublātō	
	senex domum redīre coepit		
			cum . . . dēfatigātus esset
	dēposuit ligna		
		cōnsīderāns miseriās . . .	
	invocāvit mortem		
			ut sē . . . līberāret
	adfuit mors et senem interrogāvit		
			quid vellet
	Tum senex . . . inquit	perterritus	
			„ut hunc . . . fascem . . . impōneres“

Übung 13 (Lösung):

Aufgaben:

1. Sperrungen:

Getrennte Glieder	Zwischengestellte Glieder
maximam . . . laudem	Adv. Best. inter suōs und Prädikat ferunt
intrā annum . . . vīcēsimum	Adverb vērō
in turpissimīs . . . rēbus	Prädikat habent
nūlla . . . occultātiō	Prädikat est
parvīs . . . tegimentīs	Genitivattribut rēnōnum
māgnā . . . parte	Genitivattribut corporis

2. Abl. Konstr.:
Es handelt sich um einen Abl. abs., in dem die Stelle des Part. durch ein Adjektiv eingenommen wird („wobei ein großer Teil des Leibes unbedeckt bleibt")

3. Wendung:
in turpissimīs rēbus habēre — „zu den schändlichsten Dingen rechnen"

4. Dative:
labōrī ac dūritiae studēre — „sich in Strapazen und Abhärtung üben"

5. Genitiv:
cuius reī nūlla est occultātiō — „es gibt keine Möglichkeit, dies zu verbergen"

Das ganze Leben besteht aus Jagd und militärischen Übungen. Von klein auf trainieren sie sich in Strapazen und Abhärtung. Wer am längsten unberührt bleibt, erntet höchstes Lob unter seinen Leuten. Sie sind der Meinung, daß dadurch das Wachstum gefördert, Kräfte und Muskeln gefestigt würden. Vor dem zwanzigsten Lebensjahr mit einer Frau zu verkehren, rechnen sie zu den schändlichsten Dingen. Dieser Umstand läßt sich nicht verbergen, da beide Geschlechter in den Flüssen zusammen baden und nur Felle oder kleine Pelzüberwürfe tragen, wobei ein großer Teil des Leibes unbedeckt bleibt.

Übung 14 (Lösung):

Es war immer meine Überzeugung, daß unsere Leute alles von sich aus klüger als die Griechen erfunden haben oder daß sie aus dem, was sie von jenen übernommen hatten, etwas Besseres gemacht haben. Denn die Sitten und Bräuche des

Lebens sowie die Ordnung von Haushalt und Familie bewahren wir tatsächlich besser und reiner, den Staat aber haben unsere Vorfahren sicherlich mit besseren Einrichtungen und Gesetzen gelenkt.

Aufgaben:

1. Komparativ-Formen:

Attribut	Prädikatsnomen	Adverb
meliōribus (4)	meliōra (2)	sapientius (1) melius . . . lautius (3/4)

2. Komparativ als Substantiv:
   nostrī māiōrēs (Subjekt zu temperāvērunt) unsere Vorfahren

Übung 15 (Lösung):

Aufgaben:

1. Satzgliedfunktion der Komparativ- und Superlativformen:

Attribut	Prädikatsnomen	Adverb
maximīs itineribus (2) Galliam ulteriōrem (3) maximum numerum (4) Galliā ulteriōre (5)	certiōrēs (6) longiōra (8/9)	propius (5)

2. Substantivische Verwendung:
   nōbilissimōs cīvitātis (Akk.-Ergänzung zu mittunt) die Vornehmsten des Stammes

Als Caesar das gemeldet worden war, daß die Helvetier versuchten, durch unsere Provinz zu marschieren, brach er sofort aus Rom auf, eilte in möglichst großen Tagesmärschen in das jenseitige Gallien und gelangte nach Genf. Der ganzen Provinz befiehlt er, eine möglichst große Zahl von Rekruten zu stellen. Es gab ja im jenseitigen Gallien überhaupt nur eine einzige Legion. Er läßt die Brücke in der Nähe von Genf zerstören. Sobald die Helvetier von seiner Ankunft erfahren hatten, schickten sie die Vornehmsten ihres Stammes als Unterhändler zu ihm. Diese sollten vorbringen, daß sie vorhätten, ohne jeden Übergriff durch die Provinz zu marschieren, weil die anderen Routen zu lang seien. Sie bäten, dies mit seiner Einwilligung tun zu dürfen.

Übung 16 (Lösung):

Pronomina:
(1.1) equidem = egō quidem (7) Pers.-Pronomen
(2.1) quid (2), quōs (5), quī (7) Fragepronomen
(2.2) quam (4), quī (7/8) Relativpronomen
(2.3) quicquam (10), ūllā (8) Indefinitum
(2.4) quisque (2/3), cuique (3), alia (8), nūllō (8) Definitum
(4) Demonstrativ-Pronomina
ā (3), eōs (7)
hīs (1), huius (1), hāc (4), huic (8), hanc (10)
istōrum (1)
illud (2)
ipsā (3), ipsam (10)

Von diesen Worten lassen sich Unerfahrene beeindrucken. Und wegen der Sprüche dieser Art gibt es eine ganze Menge von solchen Menschen. Wer eine Frage scharfsinnig untersucht, dessen Aufgabe ist es aber, nicht darauf zu sehen, was jeder vorbringt, sondern darauf, was jeder eigentlich sagen müßte. Wir wollen z. B. mit dem Lehrsatz, den wir in dieser Diskussion aufgestellt haben, behaupten, daß alle tugendhaften Menschen stets glücklich sind. Welche Menschen ich tugendhaft nenne, ist klar: nämlich die mit allen guten Eigenschaften ausgestatteten und ausgezeichneten Männer. Wir nennen sie bald weise, bald gut. Nun wollen wir sehen, welche Menschen glücklich genannt werden dürfen. Nach meiner Meinung jedenfalls sind es diejenigen, welche im Guten leben, ohne daß ein Übel beigemischt ist. Wenn wir jemanden glücklich nennen, dann kommt diesem Begriff keine andere Bedeutung zu als die vollständige Vereinigung aller Güter unter Ausschluß aller schlechten Dinge. Diese Vereinigung aber kann die Tugend nicht erreichen, falls es neben ihr noch etwas Gutes gibt.

Übung 17 (Lösung):

Reflexivpronomina:

Direktes Reflexiv	Indirektes Reflexiv
suum (3): populum Rōmānum (Subj. des AcI) suō (4): populō Rōmānō (Subj. des abh. Fragesatzes) suō (8): Caesarem (Subj. des Relativsatzes)	ipse (4), sē (5), suō (5), sibi (6), sibi (8), sē (9): Ariovistus (übergeordnetes Subjekt)

Ariovist antwortete: Es sei Kriegsrecht, daß die Sieger über diejenigen, welche sie besiegt hätten, nach Gutdünken gebieten würden. Genauso sei das römische Volk gewöhnt, mit den Besiegten nicht nach Vorschrift eines anderen, sondern nach seiner eigenen Entscheidung zu verfahren. Wenn er selbst dem römischen Volk nicht vorschreibe, wie es sein Recht wahrnehmen solle, so dürfe auch er nicht vom römischen Volk in der Anwendung seines Rechts behindert werden. Die Häduer seien ihm, da sie das Kriegsglück versucht, mit Waffen gekämpft und dabei verloren hätten, tributpflichtig geworden. Caesar tue großes Unrecht, wenn er ihm durch seine Ankunft die Tributeinnahmen schmälere. Er werde weder den Häduern die Geiseln zurückgeben noch unrechtmäßig mit ihnen und ihren Bundesgenossen Krieg anfangen, wenn sie die Abmachungen einhielten und jährlich ihre Abgaben bezahlten.

Übung 18 (Lösung):

Nachdem ein Gefecht stattgefunden hatte, zogen sich die Bürger in die befestigte Stadt zurück. Sie vertrauten den Schutz der Stadt den Konsuln an. Mit allen Beschwörungen baten sie diese, sie sollten es nicht dahin kommen lassen, daß die Stadt von den Feinden erobert werde.

Übung 19 (Lösung):

Die Bürger streiten untereinander oft über die Regierung des Staates. Denn jeder behauptet, er würde den Staat am besten regieren. Aber es wäre besser, sie würden sich darum bemühen, daß nicht Ehrgeiz und Streit um Ämter für den Staat verderblich werden.

Übung 20 (Lösung):

Du fragst mich, was ich über die Rettung des Staates denke. Ich bin allerdings der Meinung, daß sich der Staat in großer Gefahr befindet, wenn wir uns nicht vor Zwietracht und Aufruhr in acht nehmen und äußerst streng gegen diejenigen vorgehen, die mit allem, was sie sagen oder tun, nur für bestimmte Parteiinteressen sorgen, nicht aber für das Gemeinwohl.

Übung 21 (Lösung):

Orgetorix überredete seinen Stamm, sie sollten aus ihrem Gebiet auswandern. Es sei sehr leicht, da sie an Tapferkeit alle überträfen, die Herrschaft über ganz Gallien zu gewinnen. Das redete er ihnen um so leichter ein, weil die Helvetier auf allen Seiten durch die geographische Beschaffenheit des Landes eingeengt sind. Orgetorix überzeugte die Helvetier davon, daß sie im Verhältnis zu ihrer Bevölkerungszahl und zum Ruhm ihrer Tapferkeit im Krieg zu enge Grenzen hätten.

Übung 22 (Lösung):

Der Anführer erinnerte die Bürger an den Umstand, daß sie im Schutz ihrer Mauern sicher seien. Daher warnte er sie, sich allein oder nur mit wenigen Begleitern außerhalb der Mauern aufzuhalten. Schließlich ermahnte er sie, an ihre altbewährte Tapferkeit zu denken und dem Angriff der Feinde in aller Gelassenheit Widerstand zu leisten.

Übung 23 (Lösung):

Wenn du zugibst, daß demjenigen am ehesten die Aufgabe der Anklage überlassen werden müsse, dem Gaius Verres das meiste Unrecht zugefügt hat, was müssen dann nach deiner Meinung diese Richter als schwerwiegender ansehen, daß du von jenem Mann geschädigt bist oder daß eine ganze Provinz gequält und zugrunde gerichtet wurde? Ich glaube, du wirst zugeben, daß dies um vieles schwerer wiegt und von allen als gewichtiger angesehen wird. Erlaube also, daß dir die Provinz bei der Anklage vorgezogen wird! Denn die Provinz klagt an, wenn derjenige den Prozeß führt, den sie sich als Verteidiger ihres Rechts, als Rächer für erlittenes Unrecht, als Bevollmächtigten für den ganzen Prozeß ausgesucht hat.

Übung 24 (Lösung):

Gestern wurde mir dein Brief gebracht, in dem du mich bittest, daß ich dir die Bücher, die du mir vor kurzem geschickt hattest, zurückgebe. Ich möchte aber diese Bücher noch länger behalten, um das, was ich auf Griechisch gelesen habe, auf Lateinisch wiederzugeben (ins Lateinische zu übersetzen). Wenn du mir das erlaubst, wirst du mich zufrieden und froh machen.

Übung 25 (Lösung):

Caesar ermahnte die Soldaten, sich als tapfer zu erweisen (Dopp. Akk.), da sie ja die Gallier an Tapferkeit überträfen. Die Gallier aber wußten in ihrer Verwirrung über Caesars Ankunft nicht, ob es besser sei (Inf.), die Truppen gegen den Feind zu führen, das Lager zu verteidigen oder das Heil in der Flucht zu suchen. Dennoch erfüllten sie ihre Pflicht (Akk.-Erg.) und blieben innerhalb ihrer Befestigungen, um den Römern den Anschein und Eindruck von Verteidigern zu bieten (Dat.-Erg. + Akk.-Erg.).

Übung 26 (Lösung):

Aufgabe:

īnscrībitur	wird betitelt	trägt den Titel
scrīpta vidēmus	sehen wir geschrieben	liest man
quantī vix possunt dīcī	wie groß sie kaum gesagt werden können	wie man es kaum ausdrücken kann
quae petuntur	die erstrebt werden	die man erstrebt
ut ūtāris	damit du gebrauchst	um ihn zu gebrauchen
ut gaudeās	damit du dich freust	zur Freude
ut laudēris	damit du gelobt wirst	um Ruhm zu ernten
beāta efficī vidētur	scheint als glücklich hervorgebracht zu werden	wird offenbar glücklich
quōquō tē verteris	wohin auch immer du dich wendest	wohin man sich auch wendet
ut dīcunt	wie sie sagen	wie man sagt

In der mittleren Spalte versucht der Übersetzer, den lateinischen Satzbau im Deutschen nachzuahmen, in der rechten Spalte sucht er ein deutsches Äquivalent für den lateinischen Ausdruck.

Bei Cicero liest man in dem Buch, das den Titel ‚Laelius‘ trägt, folgendes: Sittlich gute Männer gewinnen aus der Freundschaft so große Vorteile, wie man sie kaum beschreiben kann. Denn die übrigen Güter, die man gewöhnlich um eines Zwecks willen erstrebt, z. B. Reichtum, um sich etwas leisten zu können, Vergnügungen zur Freude, Ehrenämter, um Ruhm zu ernten, können uns doch nicht glücklich machen. Die Freundschaft aber enthält sehr viele Vorteile; und durch Freundschaft wird offenbar das ganze Leben gesegnet. Wohin man sich auch wendet, nirgends wird man allein oder verlassen sein, weil der Freund, auch wenn er gar nicht da ist, einem Gesellschaft leistet und am eigenen Geschick teilnimmt. Daher heißt es, daß man Wasser und Feuer nicht häufiger braucht als Freundschaft.

Übung 27 (Lösung):

Verbformen:

	Form	Bedeutung
occidērunt	3. Pers. Pl. Ind. Perf. Akt.	feststellend
dīcit	3. Pers. Sg. Ind. Präs. Akt.	zeitlos (‚geflügeltes Wort')
pranderimus-cēnābimus	1. Pers. Pl. Fut. II Akt. – 1. Pers. Pl. Fut. I Akt.	vollendete – einfache Zukunft
fuit	3. Pers. Sg. Ind. Perf. Akt.	feststellend
valēbant	3. Pers. Pl. Ind. Imperf. Akt.	Zustände im Hintergrund
dīxerat	3. Pers. Sg. Ind. Plqpf. Akt.	Handlung vor dem Hauptgeschehen
vidēbitis	2. Pers. Pl. Fut. I Akt.	Ausdruck der Drohung
respondit	3. Pers. Sg. Ind. Perf. Akt.	erzählend
pūgnābimus	1. Pers. Pl. Fut. I Akt.	Ausdruck des Entschlusses
commemorāmus	1. Pers. Pl. Ind. Präs. Akt.	Aktuelle Gegenwart (schreibendes Ich)
dēbet	3. Pers. Sg. Ind. Präs. Akt.	Rhetorische Frage an den Leser
mīserat	3. Pers. Sg. Ind. Plqpf. Akt.	Handlung vor dem Hauptgeschehen
audīvit	3. Pers. Sg. Ind. Perf. Akt.	erzählend
genueram	1. Pers. Sg. Ind. Plqpf. Akt.	Ereignis vor dem Hauptgeschehen
esset	3. Pers. Sg. Konj. Imperf. Akt.	finaler Gliedsatz
dubitāret	3. Pers. Sg. Konj. Imperf. Akt.	explikativer Relativsatz

Dreihundert Spartaner sind einst bei den Thermopylen gefallen. Was sagt doch ihr Führer Leonidas? „Wenn wir heute", hat er gesagt, „gefrühstückt haben, werden wir abends vielleicht in der Unterwelt speisen." Das ist ein tapferes Volk gewesen, solange die Gesetze des Lykurg in Geltung waren. In der Verhandlung hatte ein Perser prahlend gesagt: „Ihr werdet vor lauter Wurfgeschossen die Sonne nicht mehr sehen." Darauf versetzte einer der Spartaner: „Nun, dann kämpfen wir eben im Schatten." Wir reden immer nur von Männern. Wie muß man eigentlich jene Spartanerin einschätzen, welche ihren Sohn in die Schlacht geschickt hatte und nun erfuhr, daß er getötet worden sei? „Eben dazu", so sagte sie, „hatte ich ihn doch geboren, daß aus ihm ein Mann würde, der nicht zögert, für das Vaterland den Tod auf sich zu nehmen."

Übung 28 (Lösung):

Verbformen:

	Form	Bedeutung
(utinam) habērētis	2. Pers. Pl. Konj. Imperf. Aktiv	Konjunkt. irrealis (unerfüllbarer Wunsch)
(ut) esset	3. Pers. Sg. Konj. Imperf.	konsekutiv. Gliedsatz
(quem) putārētis	2. Pers. Pl. Konj. Imperf. Aktiv	abh. Fragesatz
(cum) sit	3. Pers. Sg. Konj. Präsens	kausaler Gliedsatz
(quī) sunt	3. Pers. Pl. Ind. Präsens	Relativsatz (eōrum)
(quī) superāverit	3. Pers. Sg. Konj. Perf. Aktiv	explikativer Relativsatz im Konj. (ūnus C. Pompēius)
(quae) est	3. Pers. Sg. Ind. Präsens	unabh. Fragesatz (rhetorische Frage)
(quae) possit	3. Pers. Sg. Konj. Präsens	explikativer Relativsatz im Konj. (rēs)
(nōnne) dēbuit	3. Pers. Sg. Ind. Perf. Aktiv	unabh. Fragesatz (rhetorische Frage)

Hättet ihr doch, Bürger von Rom, eine solche Fülle von tapferen und unbescholtenen Männern, daß euch die Überlegung schwer fiele, wen ihr als geeignet für die Leitung eines so wichtigen Unternehmens und so bedeutenden Krieges ansehen sollt!

Da es nun aber bloß Gnaeus Pompeius als einzigen gibt, der nicht nur den Ruhm aller der Menschen, die heute leben, sondern auch derer, welche in grauer Vorzeit da waren, durch seine Tüchtigkeit überragt, was gibt es denn, das irgendjemanden in dieser Sache unsicher machen könnte?
Hätte dieser Mann nicht schon längst den Oberbefehl in diesem Kriege innehaben müssen?

Übung 29 (Lösung):

Numidicus Metellus wurde durch die Volkspartei aus seiner Heimatstadt verbannt und ging nach Kleinasien. Als er sich dort eines Tages die Spiele anschaute, überbrachte man ihm im Theater einen Brief. In diesem Brief stand, daß ihm mit großer Übereinstimmung zwischen Senat und Volk die Rückkehr nach Rom erlaubt worden sei. Trotz seiner großen inneren Bewegung verriet Metellus seine Freude nicht den neben ihm sitzenden Leuten, sondern behielt seine Freude für sich. Denn er hatte immer einen Abscheu davor, Schmerz oder Freude offen zu zeigen. Daher verließ er das Theater mit der gleichen Miene, mit der er es vorher betreten hatte, um sich die Spiele anzuschauen.

Beiordnung
Gliedsatz
Verbalsubstantiv
Infinitivkonstruktionen

Übung 30 (Lösung):

Caesar bot sich anscheinend eine Gelegenheit, die Sache erfolgreich durchzuführen. Denn er bemerkte, daß die Anhöhe, welche von den Feinden besetzt war, von Menschen entblößt war (oder: sei). Diese Anhöhe hatte man in den vergangenen Tagen vor einer Unmenge von Leuten kaum sehen können. Weil sich Caesar darüber wunderte, fragte er Überläufer, von denen gewöhnlich jeden Tag eine große Zahl zu ihm kam, nach der Ursache. Er bekam von allen die übereinstimmende Auskunft, daß die Rückseite dieser Anhöhe fast eben sei und sich ein umfangreicher Wald von dieser Anhöhe ununterbrochen bis zur Stadt hinziehe. Die Gallier aber seien um diesen Ort besorgt und dächten nicht anders, als daß sie sich, wenn diese Anhöhe von den Römern genommen sei, von jeder Möglichkeit abgeschnitten sähen, nach draußen zu gelangen. Um diesen Ort zu sichern, soll Vercingetorix damals alle Einwohner aufgeboten haben.

NcI: Adverb
AcI: Gliedsatz mit „daß"
AcI: Gliedsatz mit „daß"
AcI: Abh. Satz ohne Einleitewort
NcJ: Modalverb + Inf.-Konstr.

Begründung der Moduswahl:

animadvertit collem nūdātum esse	Indikativ, wenn als Inhalt der Wahrnehmung, Konjunktiv, wenn als subjektiver Eindruck Caesars verstanden
cōnstābat tergum aequum esse et silvam ad oppidum pertinēre, Gallōs huic locō timēre nec aliter sentīre . . .	Konjunktiv der indirekten Rede, weil die Auskünfte wiedergegeben werden, welche die Überläufer Caesar erteilt haben.

Übung 31 (Lösung):

Die Helvetier waren Menschen, welche das Kriegführen liebten. Sie vertraten die Auffassung, im Verhältnis zum Ruhm ihrer Tapferkeit zu enge Grenzen zu haben. Daher beschlossen sie, aus ihrem Land auszuwandern und alles,	Deklinierter Infinitiv
was mit dem Aufbruch zu tun hatte, vorzubereiten. Sie	Verbalsubstantiv
schickten Gesandte zu den Nachbarstämmen, um Frieden	Inf. mit „um zu“
und Freundschaft zu festigen. Zur Durchführung dieser Angelegenheit wurde Orgetorix ausgewählt. Als er zu den Stämmen geschickt wurde, überredete er heimlich die führenden Leute der Häduer und Sequaner, sie sollten jeder in seinem Stamm die Königsherrschaft an sich bringen. Sie sollten sich vor Augen halten, daß die Helvetier, Häduer,	Verbalsubstantiv
Sequaner die drei mächtigsten Völker seien. Durch Übernahme der königlichen Macht sei es daher ganz leicht, die Herrschaft über ganz Gallien zu gewinnen.	Verbalsubstantiv

Übung 32 (Lösung):

Als Pompejus der Victoria einen Tempel	Temporalsatz: Indik.
stiften wollte und sein Name sowie seine	
Ämter verzeichnet werden sollten, ent-	
stand die Frage, ob man ‚consul tertio‘	Abh. Fragesatz: Konj.
oder ‚tertium‘ (zum dritten Mal Konsul)	
schreiben müsse. Pompejus trug dieses	
Problem den führenden Gelehrten des	
Staates vor. Als diese zu keiner Eini-	Temporalsatz: Indik.
gung kamen und ein Teil für die Schreib-	L Ergänzungssatz mit ut
weise ‚tertio‘, andere für ‚tertium‘ plä-	D substantivische Über-
dierten, bat Pompejus Cicero, er solle	setzung[1])
dafür sorgen, daß man so schreibe, wie es	Abh. Begehrungssatz:
ihm richtiger erscheine. Da fürchtete Cicero,	Konjunktiv
diejenigen, von deren Meinung er ab-	L nē nach verbum timendi
weichen würde, zu beleidigen. Daher gab er	D Inf.-Konstr.
Pompejus den Rat, man solle weder ‚ter-	
tium‘ noch ‚tertio‘ schreiben, sondern	Abh. Begehrungssatz: Konjunktiv
die Buchstaben sollten nur bis zum zwei-	
ten ‚t‘ reichen. Wenn das Wort nicht	
ausgeschrieben wurde, konnte man	Abh. Fragesatz: Konj.
nämlich nicht unterscheiden, welcher	
Partei Cicero gefolgt sei. Dennoch konnte	
jeder die Bedeutung jener Inschrift	L abh. Fragesatz
verstehen.	D substantiv. Übersetzung

Übung 33 (Lösung):

Ich für meine Person gebe mir gewöhnlich Mühe, daß jeder mich über seinen Fall selbst informiert. Auch bemühe ich mich darum, daß kein anderer anwesend ist, damit der Klient frei reden kann. Dann versuche ich, die Position des Gegners zu vertreten, damit er seine eigene Position vertritt und alles ausspricht, was er über seinen Fall gedacht hat. Daher übernehme ich, wenn er dann gegangen ist, alle drei Rollen in einer Person in aller Ruhe, meine eigene, die des Prozeßgegners, die des Richters. Falls mir nun ein Punkt von der Art zu sein scheint, daß er mehr Hilfe als Nachteil verspricht, so präge ich ihn mir ein. Falls ich aber in einem Beweis mehr Übles als Gutes finde, verwerfe ich ihn ganz. So erreiche ich, daß ich zur einen Zeit über das nachdenke, was ich sagen will, und zu einer anderen Zeit rede. Wenn auch die meisten beides gleichzeitig tun, weil zu sehr ihrem Talent vertrauen, so nehme ich mir trotzdem eine Zeit zum Nachdenken, eine andere zum Reden. Sowie ich den Gegenstand und den Streitpunkt kenne, fällt mir sogleich ein, welcher Punkt das größte Gewicht hat.

[1]) Auch Infinitiv-Konstruktion möglich („Manche empfahlen . . . zu schreiben")

Fragen:

1. Bedeutungen von ‚cum', ‚ut' und ‚nē':

	Bedeutung	Funktion
ut . . . doceat	„daß"	Erg.-Satz (dare operam)
nē . . . adsit	„daß nicht"	Erg.-Satz (id ago)
ut . . . possit	„damit"	finaler Adv.-Satz
ut . . . agat . . . prōferat	„damit"	finaler Adv.-Satz
cum . . . discessit	„wenn, nachdem"	temporaler Adv.-Satz
ut . . . habeat	„(so) daß"	konsekutiver Adv.-Satz
ut . . . cōgitem . . . et dīcam	„daß"	Ergänzungssatz (assequor)
ut . . . faciant	„obwohl, wenn auch"	konzessiver Adv.-Satz
cum . . . cōnfīdant	„weil, da"	kausaler Adv.-Satz
cum . . . cōgnōvī	„wenn, sowie"	temporaler Adv.-Satz

Unterschied zwischen ‚cum' („wenn") und ‚sī' („wenn"):

cum leitet einen temporalen Gliedsatz ein. Daher läßt sich die deutsche Entsprechung bisweilen durch andere temporale Konjunktionen ersetzen („wenn": „sobald", „nachdem" o. ä.).

sī leitet einen konditionalen Gliedsatz ein. Daher läßt sich die deutsche Entsprechung „wenn" durch „falls" ersetzen.

2. Deutsche Einleitewörter und Modi:

Ergänzungssätze: „daß", „daß nicht"
Temporalsätze: „wenn"
Konditionalsätze: „wenn"
Finalsätze: „damit"
Konsekutivsätze: „so daß"
Kausalsätze: „weil, da"
Konzessivsätze: „wenn auch, obwohl"

} Alle im Indikativ

3. Sinnweiser im Hauptsatz:

id agō, nē quis alius adsit: „ich bemühe mich darum, daß kein . . ."

sī . . . videātur tālis, ut . . .: „wenn er von der Art zu sein scheint, daß . . ."

ut . . . faciant, egō tamen . . .: „wenn auch . . . tun, so . . . trotzdem . . ."

Übung 34 (Lösung):

Nun muß ich sorgfältig mit der Zeit rechnen, die mir zum Reden eingeräumt wird, weil ich vorhabe, die ganze Sache darzulegen. Daher will ich den ersten Abschnitt seines Lebens – es kann nichts Schändlicheres geben als dieses Leben – beiseite lassen. Nichts wird er über die Schandtaten seiner Knabenzeit hören, nichts aus seiner lasterhaften Jugend. Wie diese gewesen ist, daran erinnert ihr euch oder ihr könnt es an dem erkennen, den er als sein genaues Ebenbild erzeugt hat. Alles werde ich übergehen, was mir für den Vortrag zu häßlich erscheinen wird. Ich werde nicht nur überlegen, was Verres hören soll, sondern auch, was sich für mich zu sagen schickt.

<table>
<tr><th>Relativsätze</th><th>Indirekte Fragesätze</th></tr>
<tr><td>temporis eius, quod mihi . . . datur</td><td rowspan="2">(adulēscentia), quae quālis fuerit, meministis (Der abh. Fragesatz ist mit dem vorhergehenden Hauptsatz [nihil dē adulēscentiā audiet] relativisch verschränkt)</td></tr>
<tr><td>āctum vītae, quā nihil turpius esse potest (der Abl. comparationis ‚quā‘ kann im D nur durch Umschreibung wiedergegeben werden)</td></tr>
<tr><td>ex eō, quem . . . prōdūxit</td><td rowspan="2">quid istum audīre, . . . quid mē deceat dīcere, cōnsīderābō.</td></tr>
<tr><td>omnia, quae mihi . . . vidēbuntur</td></tr>
</table>

Übung 35 (Lösung):

Die Dinge, welche die helvetischen Gesandten erwähnt hätten, habe er wohl im Gedächtnis. Doch habe das römische Volk jene Niederlage zu Unrecht erlitten. Wenn es sich eines Unrechts bewußt gewesen wäre, hätte es sich ja leicht in acht nehmen können. Aber das römische Volk habe sich durch den Umstand täuschen lassen, daß es überzeugt war, nichts getan zu haben, weswegen es sich sorgen müsse, und andererseits die Auffassung vertrat, daß man sich ohne Grund nicht zu fürchten brauche. Wenn er nun etwa die vergangene Schmach vergessen wolle, könne er denn auch von dem jüngsten Unrecht absehen, daß sie gegen seinen Willen gewaltsam den Marsch durch die Provinz versucht, daß sie die Häduer, die Ambarrer, die Allobroger mißhandelt hätten? Die Tatsache, daß sie mit ihrem damaligen Sieg prahlten, daß sie sich darüber wunderten, wenn er so lange ihre Übergriffe geduldet habe, gehöre auch hierher.

Explikativsätze:

Begriff des übergeordneten Satzes	Erläuterung im Gliedsatz
eō dēceptum esse	quod neque ... intellegeret ... neque ... putāret
num recentium iniūriārum ... memoriam depōnere posse	quod ... iter ... temptāvissent, quod Haeduōs ... vexāvissent
eōdem pertinēre	quod ... glōriārentur quodque ... admīrārentur

Relativische Verschränkung:

clādem populum Rōmānum nōn meritō accēpisse, quī sī. . . cōnscius fuisset, nōn fuisse difficile cavēre: Das Relativpronomen schließt an einen Begriff des vorhergehenden AcI an, hat aber die Kasusform, die es als Subjekt des konditionalen Gliedsatzes kennzeichnet. Dieser Gliedsatz ist wiederum Satzglied des folgenden AcI mit dem unpersönlichen Ausdruck ‚nōn fuisse difficile'.

Rhetorische Frage:

num etiam recentium iniūriārum memoriam dēpōnere posse? Im D ist der Konjunktiv der indirekten Rede verlangt, da die rhetorische Frage im AcI steht und Caesars Worte nicht in der ursprünglichen Form wiedergegeben sind.

Übung 36 (Lösung):

Nicht einmal ihr Richter, die ihr mich freigesprochen habt, dürft Angst vor dem Tod haben. Denn keinem guten Menschen kann etwas Schlimmes passieren, weder im Leben noch im Tod, und niemals werden die unsterblichen Götter sein Geschick gering achten. So geschieht auch mir selbst dies nicht von ungefähr. Und deshalb habe ich auch keinen Anlaß, denen, von denen ich angeklagt und verurteilt wurde, böse zu sein, höchstens deshalb, weil sie mir zu schaden meinten.
(Und das wird doch wohl jeder hoch schätzen. Auch das scheint beachtlich, was er zum Schluß sagt:)

Doch ist es jetzt Zeit zu scheiden, für mich, um zu sterben, für euch, um weiterzuleben. Was aber von beiden das Bessere ist, das wissen die unsterblichen Götter, daß ein Mensch es weiß, glaube ich nicht.

Arten von Negationen:

1. Doppelte Verneinung mit nachgestelltem ‚nōn'	haec nēmō ... nōn exīstimābit
2. Doppelnegation mit vorangestelltem ‚nōn'	nec ... habeō, quod suscēnseam, nisī ...
3. Litotes (Negation + negativer Begriff)	nec umquam eius rēs ā dīs immortālibus neglegentur haud exiguum autem vidētur ...

Übung 37 (Lösung):

Ein Bauer, dem Tode schon nahe, wollte, da er kein Vermögen hatte, das er den Söhnen hinterlassen konnte, diese zu unablässiger Arbeit anspornen. Er rief sie also zusammen und sprach folgendermaßen zu ihnen: „Bald werde ich euch verlassen, meine Söhne. Alle Schätze, die ich habe, müßt ihr in unserem Weinberg suchen." Bald danach starb er. Da gruben die Söhne, weil sie glaubten, der Vater habe im Weinberg einen Schatz vergraben, die ganze Erde des Weinbergs um. Sie fanden zwar keinen Schatz, da der Boden aber durch das Umgraben gelockert war, trugen die Reben überreiche Frucht.

Pointe:

Die Pointe der kleinen Geschichte liegt in der Umdeutung des Reichtum-Begriffs, unter dem am Ende nicht mehr ein vergrabener Schatz (mühelos erworbener Reichtum), sondern die Frucht fleißiger Arbeit (Erfolg beständiger Mühe) verstanden wird. Die Ausrichtung auf die Pointe erfolgt dadurch, daß die beiden Möglichkeiten, zu etwas zu kommen, parallel geführt werden:

Reichtum als Besitz	Wohlstand als Arbeitsergebnis
... dīvitiās nōn habēret ...	excitāre ... ad assiduum labōrem
– – –	omnēs opēs, quās habeō, in vīneā ...
... crēdēbant patrem thēsaurum condidisse	tōtam vīneae humum effōdērunt ...
thēsaurum nōn invēnērunt ...	vītēs ūberrimōs frūctūs tulērunt

Auf der Suche nach der einen Form des Reichtums (Erwartung der Söhne) entdekken die Söhne bei der Arbeit die andere Form des Reichtums (Erfahrung der Söhne).

Übung 38 (Lösung):

Haupterzählstrang:

Servius Tullius . . . populīs	persuāsit, ut . . . aedificārent
Bōs cuidam Latīnō	nāta est
Respōnsum	datum est eum populum summam imperiī habitūrum esse . . .
Latīnus bovem . . .	ēgit
et causam sacerdōtī	exposuit
Ille	dīxit . . . eum manūs abluere dēbēre
Latīnus . . .	dēscendit,
sacerdōs bovem	immolāvit.
Ita imperium . . . glōriam . . .	quaesīvit.

Andere Textteile:

Der Abl. abs. ‚quō factō' läßt sich durch einen Gliedsatz wiedergeben („als das geschehen war"). Der Relativsatz ‚cuius cīvis . . . immolāsset' erfordert im D den Konjunktiv der indirekten Rede, weil er die Worte der Traumerscheinung wiedergibt („dessen Bürger der Diana jenes Rind geopfert habe").

Der König Servius Tullius überredete die Völker der Latiner, der Diana auf dem Aventin einen Tempel zu errichten. Als das geschehen war, wurde einem Latiner ein Rind von ungewöhnlicher Größe geboren. Darauf erhielt er im Traum die Auskunft, jenes Volk werde die Oberherrschaft erhalten, dessen Angehöriger der Diana jenes Rind geopfert habe. Der Latiner trieb das Rind auf den Aventin und setzte die Angelegenheit einem römischen Priester auseinander. Dieser sagte hinterlistig, er solle sich zuvor im fließenden Wasser eines Flusses die Hände waschen. Während der Latiner zum Tiber hinabstieg, opferte der Priester das Rind. So gewann er durch seine Tat und seine Klugheit für seine Mitbürger die Herrschaft, für sich selbst den Ruhm.

Übung 39 (Lösung):

Gliederung:

Das Mittel zur Gliederung des Gegenstandes ist die Wortwiederholung. Die Beschreibung geht vom Zentrum, der Stadt auf der Höhe, aus und führt in konzentrischen Kreisen von ihr weg:

oppidum Alesia in colle summō . . .

Cuius collis rādīcēs duābus ex partibus . . . subluēbant

Ante oppidum plānitiēs . . . . patēbat.

Reliquīs ex omnibus partibus

collēs . . . . . .

oppidum cingēbant.

Gliederungssignale sind die Lagebezeichnungen: in colle summō – cuius collis rādīcēs – ante oppidum – oppidum cingēbant (dabei verbinden sich vertikale [oben – unten] und horizontale [nahe – fern] Orientierung).

Die Stadt Alesia selbst lag auf dem Gipfel einer Anhöhe an einem emporragenden Platz, so daß sie offensichtlich nur durch eine Belagerung eingenommen werden konnte. Ganz unten flossen am Fuß dieser Anhöhe auf zwei ihrer Seiten zwei Flüsse vorbei. Vor der Stadt öffnete sich eine Ebene von etwa drei Meilen Ausdehnung in der Längsrichtung. Auf allen übrigen Seiten schlossen in mäßiger Entfernung Hügel von gleicher Neigung und Höhe die Stadt ein.

Übung 40 (Lösung):

Meiner Meinung nach bedarf jede menschliche Lebensweise der Hilfe von Mitmenschen, vor allem deshalb, damit man jemand hat, mit dem man vertraute Gespräche führen kann. Das aber ist schwierig, wenn man nicht nach außen hin den Eindruck eines sittlich guten Menschen macht. Daher ist es auch für den, der für sich allein ist und auf dem Lande lebt, wichtig, daß er im Ruf der Gerechtigkeit steht, und dies um so mehr, weil er, falls er nicht im Ruf der Gerechtigkeit steht, schutzlos bleibt und manches Unrecht erleiden muß. Auch für die Leute, welche verkaufen, kaufen, mieten, vermieten, ist die Gerechtigkeit zur Durchführung ihrer Geschäfte unentbehrlich. Ihre Bedeutung ist so groß, daß nicht einmal solche Menschen, die von Missetat und Verbrechen leben, ohne einen Rest von Gerechtigkeit auskommen können.

Gegenstand dieses Textausschnitts ist der Begriff der Gerechtigkeit.

Dieser Begriff wird hier durch seine soziale Funktion definiert (menschliches Zusammenleben ist nur möglich, wenn beim Mitmenschen gerechtes Verhalten unterstellt werden kann: opīniō iūstitiae).

Die These, die der Autor aufstellt, lautet: omnis ratiō vītae adiūmenta hominum dēsīderat.

Die Argumentation, mit der die Angewiesenheit auf mitmenschliche Hilfe und die Unentbehrlichkeit der ‚iūstitia' (= Tugend, welche das soziale Zusammenleben regelt) erwiesen werden soll, geht von extremen Beispielen aus:

(1) Der einsam lebende Mensch (sōlitārius homō)

(2) Der Mensch, der aus dem Umgang mit dem Mitmenschen Gewinn ziehen will (quī vēndunt, emunt, condūcunt, locant)

(3) Der Rechtsbrecher (quī maleficiō et scelere vīvunt)

Die Argumentation hat also etwa diese Form: „Wenn sich schon im Leben von Menschen, die für sich leben, die den Mitmenschen ausnutzen wollen und die sogar gegen das Recht verstoßen, die Gerechtigkeit unentbehrlich ist, um wieviel mehr muß sich der durchschnittliche Bürger um sie bemühen?"

Übung 41 (Lösung):

Pronomina:

uter esset īnsidiātor	Clodius
uter nihil malī cōgitāret	Milo
alter veherētur in raedā	Milo
illum . . . ēgredientem ē vīllā	Clodius
dum hic venīret	Milo

Redeabsicht:

Der Anwalt will den Richtern gegenüber glaubhaft machen, daß Milo nichtsahnend am Tatort erschienen sei, während Clodius dort auf ihn gewartet und den Überfall geplant habe (dum hic venīret).

Strategie:

Von Milo werden nur solche Details erwähnt, die seine Ahnungslosigkeit beweisen (unbequeme Kleidung, schwerfälliger Reisewagen, Begleitung durch Ehefrau), von Clodius nur solche, welche auf böse Absicht hindeuten. Seine Einlassung („dēvertit in vīllam Pompēī") wird auf mögliche Motive untersucht (Pompēium ut vidēret; vīllam ut perspiceret). Beide Motive werden als unglaubhaft verworfen. Nun setzt der Redner ein anderes Motiv an die Stelle, um seinen Prozeßgegner zu belasten (dum hic venīret, locum relinquere nōluit).

Die Sache spricht für sich selbst, ihr Richter, sie hat immer das größte Gewicht. Wenn ihr von dem Geschehen nicht hören, sondern es bildlich dargestellt sehen würdet, so wäre dennoch klar, wer von beiden hier eine Falle gestellt hat, wer von beiden nichts Böses ahnte. Denn der eine kam ja, eingehüllt in den Mantel, im Reisewagen dahergefahren, die Gattin neben sich. Welcher von diesen Umständen stellt kein großes Hindernis dar? Die Kleidung, das Fahrzeug oder die Begleiterin? Was ist weniger bequem zum Kampf, als wenn jemand in den Mantel gewickelt, durch den Wagen behindert, durch sein Eheweib an den Platz gefesselt war?
Und nun schaut euch jenen Mann an, wie er zuerst das Landhaus verläßt, plötzlich: Warum? – Spät am Abend: Wieso war das nötig? – Ganz langsam: Wieso war das angebracht, vor allem zu der Tageszeit? – „Er war im Landhaus des Pompejus eingekehrt." – Um Pompejus zu besuchen: er wußte doch, daß dieser nicht zuhause war; um das Landhaus zu besichtigen: tausendmal war er schon dort gewesen. Was also war wirklich los? Verzögerung und Zeit totschlagen: er wollte, bis Milo käme, seinen Platz nicht verlassen.

Übung 42 (Lösung):

Unterschied zur Fassung in Übung 5:

Mit der Imperativform ‚(mihi) crēdite' wendet sich der Redner an eine bestimmte Adressatengruppe.

Absicht und Wirkung:

Für die Urteilsfindung und damit den Erfolg des anwaltlichen Plädoyers sind nicht die jungen Leute, die Cicero hier anspricht, um ihnen einen Rat für die angestrebte politische Karriere zu geben, entscheidend. Es kommt auf die Richter an, die größtenteils dem hier erwähnten ‚summus ōrdō', dem Senatsadel, angehören. Um deren Hochschätzung – so Ciceros Mahnung – sollten sich die jungen Leute bemühen. Über die direkt Angesprochenen hinweg versucht Cicero hier also, das Selbstwertgefühl der senatorischen Richter anzusprechen, um sie sich geneigt zu machen. Wer sich auf diese Weise als vorbildlich, klug, als Bewahrer des politischen Erbes, als höchste Instanz im Staate, angesprochen fühlt, wird sicher geneigt sein, das Plädoyer des Anwalts wohlwollend zur Kenntnis zu nehmen.

Übung 43 (Lösung):

Diese Stadt lag infolge der Geländebeschaffenheit so geschützt, daß sie eine gute Gelegenheit bot, den Krieg in die Länge zu ziehen. Denn der Doubs schließt, wie mit einem Zirkel herumgeführt, fast die ganze Stadt ein. Den restlichen Raum, nicht mehr als 1600 Fuß, den der Fluß offen läßt, nimmt ein sehr hoher Berg ein. Die Flanken dieses Berges aber schließen auf beiden Seiten an das Flußufer an. Diesen Berg umgibt eine Mauer, macht ihn zu einer Festung und verbindet ihn mit der Stadt.

Merkmale der Beschreibung:

Das schildernde Imperfekt, mit dem in der Erzählung Begleitumstände angeführt werden (mūniēbatur, ut ... daret), geht in das Präsens über, mit dem der Gegenstand der Beschreibung aus der erzählten Zeit herausgenommen wird (cingit, continet, efficit, coniungit).

Die Gliederung erfolgt durch Wiederholung der Schlüsselwörter ‚oppidum', ‚flūmen', ‚mōns':

Id oppidum ... propterea quod flūmen Dūbis ...
tōtum oppidum cingit. Reliquum
spatium, quā flūmen intermittit, mōns continet ...
ut rādīcēs
eius montis
rīpae flūminis contingant.
Hunc mūrus ...
cum oppidō coniungit.

Übung 44 (Lösung):

Die Tyrier beluden ein Schiff von ausnehmender Größe auf derHeckpartie mit Steinen und Sand, so daß das Vorschiff weit aus dem Wasser ragte, beschmierten es mit Pech und Schwefel und setzten es durch Rudern in Fahrt. Als auch die Segel noch in einer starken Boe vom Wind gefüllt wurden, näherte sich das Schiff schnell der Mole. In dem Moment sprangen die Ruderknechte, nachdem sie das Vorschiff angezündet hatten, in kleine Kähne, welche, zu eben diesem Zweck vorbereitet, folgten. Das Schiff aber fing Feuer und begann, den Brand um sich zuverbreiten. Dieser ergriff, bevor man Gegenmaßnahmen treffen konnte, die Türme und übrigen Befestigungswerke, die am Molenkopf aufgestellt waren.

Merkmale der Erzählung:

Partizipiale Eingliederungen	Haupterzählstrang (Perfektreihe)	Gliedsätze
	Tyriī nāvem	
saxīs harēnāque onerātam		
		ut ... eminēret
bitūmine ac sulphure inlitam		
	concitāvērunt	
		cum ... vēla ... concēpissent
	ad mōlem successit	
prōrā accēnsā		
	rēmigēs dēsiluēre	
		quae ... sequēbantur
	nāvis	
īgne conceptō		
	fundere incendium coepit, quod	
		priusquam ... posset ...
	turrēs et opera	
in capite mōlis posita		
	comprehendit.	

Die Hauptereignisse werden in der Perfektreihe hervorgehoben, begleitende oder als Voraussetzung genannte Handlungen durch Partizipkonstruktionen eingegliedert. Bei den Gliedsätzen sind Temporalsätze (cum, postquam u. a.) typisch.

Übung 45 (Lösung):

Als der Tyrann Dionysius bei den Spartanern gespeist hatte, sagte er, jene schwarze Suppe, welche das Hauptgericht bildete, habe ihm nicht geschmeckt. Da erwiderte der, welcher das Essen gekocht hatte: „Kein Wunder; denn die Gewürze haben gefehlt.“ Jener fragte: „Welche denn?“ – „Nun, die Anstrengung bei der Jagd, das

Schwitzen, das Laufen am Ufer des Eurotas, der Hunger, der Durst. Damit würzt man nämlich die Gerichte der Spartaner."

Fragen:

1. Vokabel ‚iūs, iūris n': Für irgendeinen Begriff aus dem Sachbereich ‚Rechtswesen' fehlen Kontextelemente. Der Text bietet nur zwei andere Sachbereiche:

   (1) Speise und Trank (cēnāre, cēna, coquere, condīmentum, condīre, epulae)

   (2) Körperliche Strapazen (labor, sūdor, cursus, famēs, sitis)

   Nun wird das Wort ‚iūs, iūris n' im Text durch das Adjektiv ‚nigrum' als „schwarz" und durch den Relativsatz als „Hauptgericht" bezeichnet, muß also ‚etwas zum Essen' bedeuten. Aus dem Lexikonartikel kommt daher nur die letzte Position („Suppe") in Frage.

2. Die Pointe der Anekdote lautet, daß auch ein einfaches Essen schmeckt, wenn vorherige Anstrengung ein Bedürfnis danach geweckt hat. Wenn man von dem Verhältnis zwischen Hunger und Essen absieht, kann man jedes Verhältnis zwischen einem Bedürfnis und den Mitteln zu seiner Befriedigung als Thema der Anekdote annehmen. Zum Reisen würde z. B. das Bedürfnis gehören, die Selbstverständlichkeit der eigenen Weltorientierung durch den Vergleich mit fremden Wertvorstellungen und Lebensformen zu problematisieren. Sonst kann Langeweile eintreten.

Grammatisches Register

Begriffe, zu denen auf der angegebenen Seite Übersichten zu finden sind, sind unterstrichen.

Ablativ des Vergleichs (comparationis) 52, 108
Ablativ des Maßes (mensurae) 52
Ablativ der näheren Bestimmung (limitationis) 79
Adverbialsätze 104f.
Akkusativ, Doppelter 79
Akkusativ mit Infinitiv 97
Alliteration 32
Anapher 32
Antithese 31f., 129f.
Bedeutungsbeziehung 94
Beziehungswort 18
Chiasmus 31
cum, Konjunktion 106
Dativ 48
Deponens 82
Direkte Rede 11, 131ff.
Einwortsatz 29
Elativ 53
Ergänzung 10f.
Figuren, Stil- 31
Genitiv 47f.
Gerundivkonstruktion 37, 93
Glieder, Figur der wachsenden 33
Gliederungssignale 127
Hintergrundinformation 25
Imperfekt de conatu 85f.
Indirekte Rede 97
Innerliche Abhängigkeit 90, 102
Komparativ 52f.
Kongruenz 99
Konjunktiv 89
Kontextbedeutung 64
Lexikonbedeutung 64
„man“ 81
Metapher 31
Modalverb 82, 98
Modusgebrauch 89, 97
Nominativ mit Infinitiv 82, 98
Parallelismus membrorum 32
Passiv 81f.
Perfekt 85f., 123f.
Personalform 11, 81
Polyptoton 33
Prädikativum 11
Präpositionaler Ausdruck 48
Präsens 85
Prohibitivus 11
Pronomina 58f.
Reflexivpronomen 59f.
Relativische Verschränkung 14f., 109
Rhetorische Frage 32, 132
„Roter Faden“ 123
Satzbau, Deutscher 17
Satzgefüge 13f.
Sperrung 18
Stilmittel 33f.
Strukturbild 15
Superlativ 52f.
Synonyme 21f.
Syntaktische Abhängigkeit 13f.
Textverlauf 13
Trikolon 33
Tropen 31
ut, Konjunktion 106
Verbaladjektiv 38
Verbalsubstantiv 38
verba timendi 103
Wortfeld 21
Zeitverhältnisse 93